SANXINGDUI

回到尘封的
古蜀国 三星堆解密

三星堆博物馆 组织编写
吴维羲 编著

九州出版社 全国百佳图书出版单位
JIUZHOUPRESS

图书在版编目（CIP）数据

回到尘封的古蜀国：三星堆解密 / 吴维羲编著．一北
京：九州出版社，2018.10 （2022.3 重印）
ISBN 978-7-5108-7579-3

Ⅰ．①回… Ⅱ．①吴… Ⅲ．①三星堆文化－青少年读物
Ⅳ．①K872.71-49

中国版本图书馆 CIP 数据核字 (2018) 第 253373 号

回到尘封的古蜀国：三星堆解密

作　　者	吴维羲　编著
出版发行	九州出版社
责任编辑	沧桑
地　　址	北京市西城区阜外大街甲 35 号 (100037)
发行电话	(010)68992190/3/5/6
网　　址	www.jiuzhoupress.com
电子信箱	jiuzhou@jiuzhoupress.com
印　　刷	三河市九洲财鑫印刷有限公司
开　　本	850 毫米×1168 毫米　16 开
印　　张	12.25
字　　数	196 千字
版　　次	2018 年 12 月第 1 版
印　　次	2022 年 3 月第 3 次印刷
书　　号	ISBN 978-7-5108-7579-3
定　　价	48.00 元

本书编委会

顾　　问：肖先进

主　　编：阙显凤　朱家可

副 主 编：邱登成　朱亚蓉

编　　著：吴维羲

摄　　影：刘　毓　江　聪

学术支持：三星堆研究院

前　言

三星堆文物，是具有世界影响的文物，在蔚为壮观的中国文物群体中，属最具历史、科学、文化、艺术价值，且最富观赏性的文物群体之一。

1986年7月至9月，三星堆遗址两个大型祭祀坑的相继发现，是20世纪最重大的考古发现之一。在这些旷世神品中，有以神秘诡谲的青铜雕像为代表的青铜器群，有以流光溢彩的金杖为代表的金器群，还有以满饰图案的玉璋为代表的玉石器群……三星堆从各个侧面向人们展现出一个光怪陆离、无限精彩的古蜀社会。古蜀精神的载体撼人心魄，古蜀文明的光华耀古烁今。

三星堆遗址的发现及三星堆文物的出土，使自古以来真伪莫辨的古蜀史传说成为信史。古蜀史的源头及古蜀国的中心，亦因三星堆而得到确认。

三星堆古蜀国是中国古代中原周边地区颇具典型意义的"古国"之一，三星堆文物的出土填补了中华文化演进序列中的缺环。三星堆文明作为长江上游地区古代文明的杰出代表，再次雄辩地证明了中华文明起源的多元性。

三星堆文物是罕见的、作为集群展现的人类上古史奇珍。三星堆实例是探索人类早期政治组织及社会形态演化的典范之一，对研究世界早期国家的进程及宗教意识的发展具有重要价值。三星堆在人类文明发展史上占有一席重要地位。

"沉睡数千年，一醒惊天下。"三星堆菁华荟萃的文物宝库，神秘梦幻的艺术殿堂，充溢着中华古代文明的无穷魅力，闪烁着人类文化遗产的璀璨光彩。

千载蜀魂，精气长存。三星永耀，光焰万丈！

目 录

第一章

——三星堆遗址概况

闻名于世的古蜀文明发祥地

三星堆——一个很早以前就被人们所熟知的名字，但在传奇之名的背后，却有很多不为人知的传奇。

几千年前，三星堆上空的那轮明月在静静流淌的马牧河中倒映出人神互通的惊叹；几千年后，月亮还是那个月亮，但马牧河的急湍波流早把那个"惊叹"变成一个大大的问号，几千年前的古蜀国像云隐中的月亮，怎么都看不透，留下的只是"谜"。伫立河边，仰望朗照古今之月，相信你也会禁不住来个千年一叹："逝者如斯夫，不舍昼夜！"

也许你早就决定走进三星堆，一窥那些被尘封已久的壮丽画卷，也许你现在没有时间，或许你还不太了解三星堆……

坚硬的土地曾将一段传奇深深埋藏，但积尘终究掩不住灿烂的古蜀文明……

位于四川盆地西部的成都平原，气候宜人，物产丰富，素有"天府之国"的美称。优越的自然条件和相对封闭的地理环境，为四川古代文化的创造与传承提供了有利的条件。考古成果表明，早在四五千年前，先民们就在此创造了辉煌灿烂的古代文化，形成了自成体系、独具特色的文明轨迹，成为多元一体的中华文明的重要组成部分。

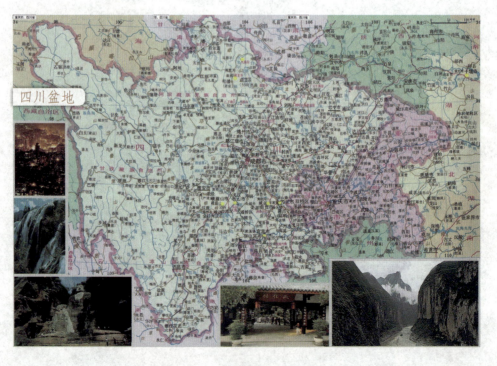

　　三星堆文化是古蜀文化的典型代表，年代上启新石器时代晚期（公元前2800年），下至春秋早中期（公元前600年），上下延续2000多年，其分布范围以三星堆遗址为核心，辐射至四川的大部分地区及鄂西、陕南一带。

　　三星堆遗址，位于成都平原北部的广汉市城西鸭子河南岸（地属南兴镇），南距省会成都40千米，东距广汉市区7千米，是中国西南地区一处分布范围最大、延续时间最长、文化内涵最为丰富的古城、古国、古蜀文化遗址，是中国青铜文明鼎盛时期的杰出代表之一。三星堆遗址是我国"七五"期间十大考古新发现和世界上最引人注目的考古发现之一，是国务院公布的第三批全国重点文物保护单位。

全国重点文物保护单位——三星堆遗址

三星堆遗址今貌

三星堆遗址是一处由众多古文化遗存分布点所组成的庞大遗址群，其平面呈南宽北窄的不规则梯形，总面积12平方千米。遗址内古城区面积约4平方千米，是古蜀国王都所在地，是三星堆遗址群最重要的遗址和组成部分。古城区平面大致呈方形，边长约1800～2000米，由东、西、南三面夯土城墙墙体及城壕组成，北部以雁江为屏障，构成防御、防洪和交通体系，古城中轴线上分布的三星堆、月亮湾、真武宫、西泉坎四处台地，是文化堆积最丰富、最集中的地方。古城东城墙现存部分总长约1090米，推测其原来长度应在1700～1800米左右，墙体建筑使用分层、分段平夯，堆筑斜夯，砖坯砌筑等多种方法，夯面明显、光滑，拍打痕迹清晰可见，城墙上部和顶部首次发现加工规整的土坯砖。南城墙地面现存部分总长约1150米，推测原长度为2000米，墙体横断面呈梯形，由主城墙和两侧护坡组成，墙体建筑采取无基槽式平地起夯，主城墙和两侧护坡分别采用分层平夯和斜向堆土拍夯而成，结构清楚，夯层明显。西城墙地面现存部分总长约600米，其结构、体量、夯筑方法和年代与南城墙及东城墙相近。古城区内分布有作坊区、祭祀区、居住区、墓葬区、三星堆、月亮湾城墙等重要遗迹，其规模在中国已发现的同期古城遗址中名列前茅，其都城规划不同于夏代及商代早期的条块状布局，体现了人与自然的和谐统一。这种富有科学性的规划原则和建筑艺术对中国西南平原地带的都城建设有着重要影响。

三星堆遗址范围内现存有城墙、城壕、祭祀坑、玉石器坑、居住址、公共墓地等众多遗

三星堆玉磨石

三星堆玉璋与铜眼泡

迹，出土了金、铜、玉、石、陶等大量文物，做工考究，特征鲜明，造型精美，具有鲜明的地方文化特征，构成了三星堆遗址独特的文化内涵。三星堆遗址文化是蜀文化的典型代表，按照考古学文化序列可分四期，延续时间从距今4800年至2600年，约当中原龙山文化时代至春秋中期，一期属新石器时代晚期文化，二期以后进入文明时代。

相较世界上其他文明古国，三星堆遗址的青铜文化有着鲜明的中国特色，以青铜神树、青铜面具、青铜立人为代表的青铜雕像与古埃及、古希腊、古印度文明的青铜器相较，具有独特的个性，形体硕大，体量惊人，为世界上罕见，时代上也更早，显示出其独特的魅力和巨大的历史、科学、艺术价值。三星堆遗址青铜器以各类人头像、面具为大宗，具有浓厚的神巫文化和文明社会初期的宗教特征，体现出独特的东方色彩。三星堆遗址地下遗存的丰富程度及完整程度为同期的人类古代都城遗址所罕见。

三星堆地理位置图

Map Showing the Geographical Position of Sanxingdui

三星堆在中国地图上的位置

四川省

三星堆遗址

三星堆遗址全景效果图

三星堆遗址平面图

　　三星堆遗址是中国西南地区一处具有区域中心地位的最大的都城遗址。三星堆遗址的发现及三星堆文物的出土，确凿无疑地证明了三星堆古蜀国的存在，将古蜀历史向前推进了2000年之久。自古以来真伪莫辨的古蜀史传说，因三星堆而成为信史。古蜀史的源头及古蜀国的中心，亦因三星堆而得到确认。

　　三星堆古蜀国作为"高于氏族部落的、稳定的、独立的政治实体"，是中国古代中原周边地区颇具典型意义的"古国"之一，具有重大的全方位的认识意义。三星堆文物填补了中华文化演进序列中一些重要文物的缺环。三星堆文明作为长江上游地区中华古代文明杰出的代表，再次雄辩地证明了中华文明起源的多元性。

三星堆文物是罕见的、作为集群展现的人类上古史奇珍，属世界文化遗产范畴。三星堆实例是探索人类早期政治组织及社会形态演化的典范之一，对研究早期国家的进程及宗教意识的发展具有重要价值，在人类文明发展史上亦占有一席重要地位。

● **延伸阅读**

历史文化名城——广汉

广汉，旧称汉州，古名雒城，地处成都平原北部中心，龙泉山脉西麓，为沱江冲击平原地带。因其历史悠久，人文彪炳，土地肥沃，民物殷繁，故而2000多年来盛名不衰，向为蜀中要郡名区。《汉州志》以"连岭矗矗以蔚霞，沱江翩翩而翔雁，其东则涌泉万斛，其西则伴月三星，南邻省会，民物殷繁，北拱神京，轮裳络绎"之语赞述当地的形胜繁华，揆诸察今，名副其实。自古以来，四川就享有"天府之国"的美誉，成都平原堪称天府的明珠，而广汉则更增益了天府明珠之朗润。

位于广汉城西雁江南岸（古雒水，今俗称鸭子河）南兴镇的三星堆遗址，是中国西南一处分布范围最广、延续时间最长、文化内涵最为丰富的古城、古国和古蜀文化遗址。1986年，广汉三星堆遗址两个大型商代祭祀坑的横空出世，使沉睡数千年的古蜀文明一醒惊世。上千件文物再现了一段晖丽灼烁的古蜀"视觉历史"，海内外视为举世稀珍。

蜀山雒水，钟灵毓秀，巍巍岷山孕育了古蜀先民的创造智慧，绵远流长的雁江则给这片热土不断地注入生命的活力。

"雒城"汉砖照及拓片

《汉州志》书影

广汉老照片与今日广汉照

第二章

穿越古蜀时空隧道

——古蜀史传说与三星堆考古

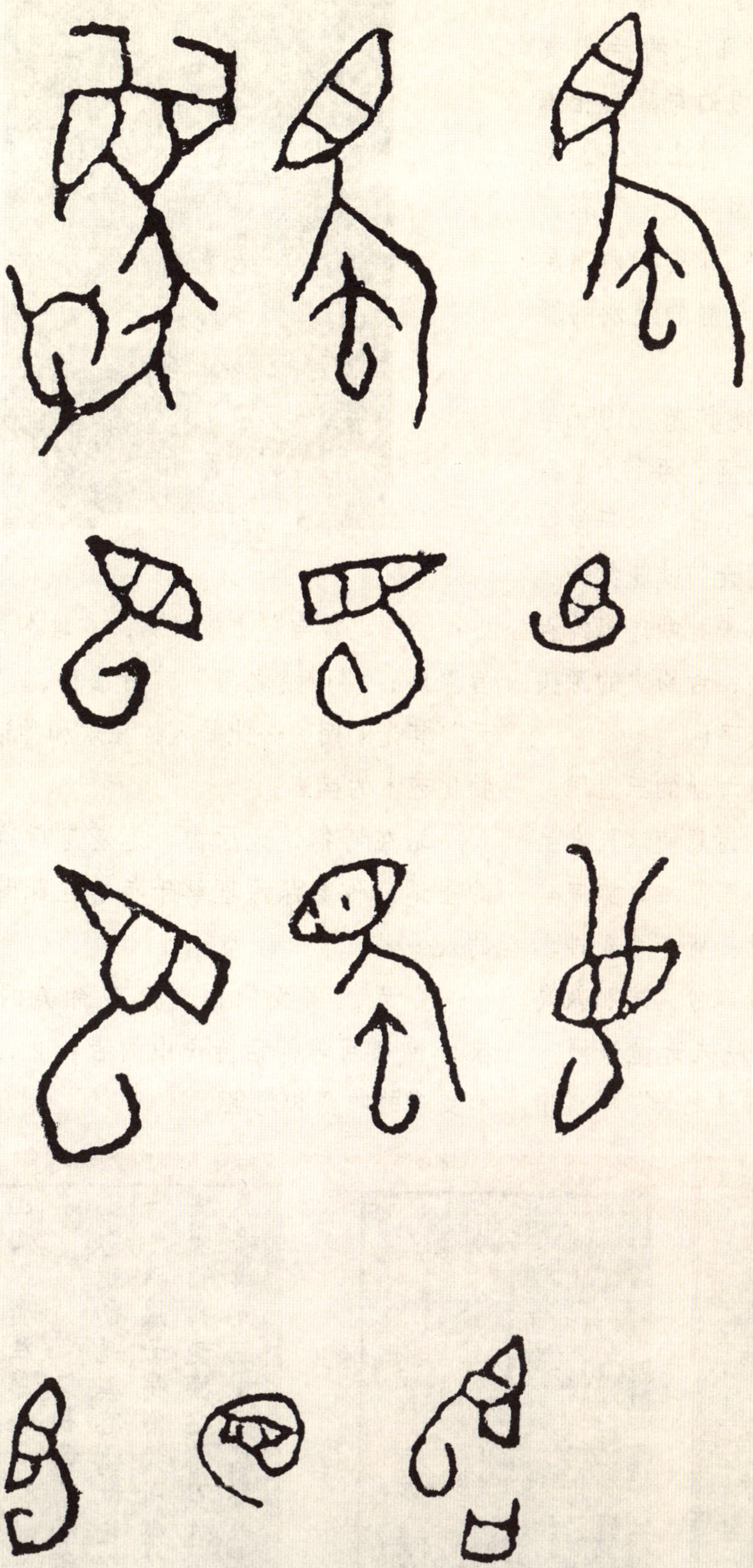

从《史记》到《华阳国志》，都将蜀的祖先推定为黄帝、高阳氏的后代支庶。神话传说与历史交融，虚幻与真实相携闪烁，使蜀踪显得愈发迷离。《山海经》虽然图形史貌，溯源甚古，但因其无诞不容，更让人真伪莫辨。蜀史何在？蜀史在西南层峦叠嶂的怀抱中沉沉睡去，与静静流淌的雁江一道缄默千年。

然而三星灼灼，积尘难掩其光。1986年夏，考古人员在广汉三星堆发掘了两个大型祭祀坑，上千件蜀国重器的横空出世，终于使得被几代学人向往已久的古蜀国大门就此打开。"一朝苏醒惊天下"，自古以来扑朔迷离的古蜀史传说因三星堆而成为信史，古蜀史的源头及古蜀国的中心也因此而得到确认。

古代王都气象与浪漫气息浑融的三星堆，似乎天生就是一个谜，神秘和诗意使这里发生的一切沉积为一个传奇，因而三星堆之旅完全可以作为某次旅行的精神驿站：置身"众神之国"，漫看"凤鸟翔云"恍兮惚兮，未明孰真孰幻；游观"通天神树"，深味奇诡浪漫。"天降斯神"神完气足，"群巫之长"傲视诸

《史记》书影

方；"国之重宝"玄机难测，"雄杰灵怪"意旨深藏；"山陵之祭"其情穆穆，"日照中天"其光朗朗……此是人神狂欢和神话时空观物化艺术的盛宴。

站在博物馆大厅内，想着身后这片神奇的土地，你会深深理解千年前在此营造梦境的人……

今天，当我们面对众多奇美的蜀人秘宝，再来回眸神话传说中的古蜀史，也许会有更多的收获和想象。

《山海经》书影

第一节　说"蜀"

一、巴蜀

诗仙李白的《蜀道难》一诗脍炙人口，"噫吁嚱，危乎高哉！蜀道之难难于上青天。蚕丛及鱼凫，开国何茫然！尔来四万八千岁，不与秦塞通人烟……"概括了过去人们对于古代四川的看法。诗人的丰富想象力，加上使用夸张的手法，对古蜀历史进行了生动的描绘，艰险崎岖的蜀道为迷茫远古的四川增添了许多更加神秘的色彩。要想对三星堆文化有完全的了解，就有必要追索这种文化背后的历史、地理背景及其相关因素。

四川，古称蜀。"巴蜀"作为一个地域概念，形成于战国秦汉《史记·苏秦传》："西有汉中，南有巴蜀。""巴"与"蜀"，起源各殊、族别非一。先秦时期，以蜀族为主体的蜀地先民与以巴族为主体的巴地先民，分别以今成都平原和重庆一带为中心，先后建立"巴""蜀"两大古国，经不断发展、融汇而共同形成长江上游的"巴蜀文化区"。在殷周之际，四川盆地这一地理单元则只称"蜀"。延至秦代，古蜀国在秦王朝建立统一帝国的过

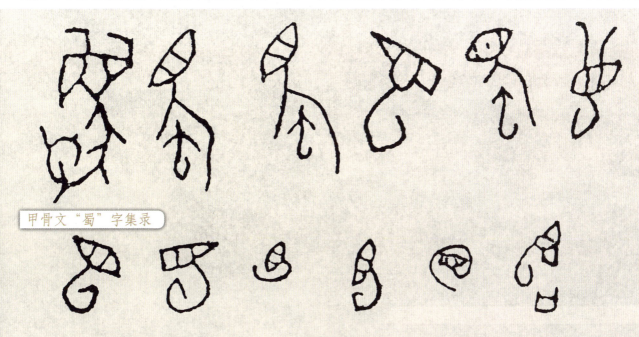

甲骨文"蜀"字集录

三星堆二号祭祀坑出土的戴冠纵目人像

程中，成为中华一统天下的组成部分。两汉承秦帝业，改称"蜀郡"，蜀国遂成为直辖中央的地方行政区。

蜀的得名既然非始于秦设蜀郡，那么又是缘何而得名的呢？传说，"蜀"字得名很可能与蚕及野蚕有关。蚕能吐丝，蚕丝是纺织绸缎的重要原料。在甲骨文象形字体系中，"蜀"的字形俨如一只身体卷曲的吐丝的蚕的形象。东汉许慎在《说文解字》中解释"蜀"字说："蜀，葵中虫也。从虫，两目象蜀头，中象其身蜎蜎。"《诗经》中有"蜎蜎者蠋，烝在桑野"的说法。蠋为野蚕，这种野蚕经过蜀中古代最早的部族蚕丛氏（居住在四川西部）的驯养而为家蚕，这是古代蜀人的一大发明。直到今天，川西民间都还有如"二月蚕市"等很多这方面的故事或记载。看来，推考"蜀"字得名与蚕及野蚕有关，也不无道理。但从另一个角度分析，甲骨文中的"蜀"字造型也与龙、蛇极相关联。其字形，上为人首，又有纵凸的眼睛，下面还有卷曲的蛇（龙）身。这与古代神话传说中蜀人的始祖烛龙"人首蛇身""直目正乘"的形象特征相吻合。三星堆二号祭祀坑出土的"戴冠纵目人像"的造像就很可能与此有关。那么，从这个角度理解，"蜀"字便是"纵目的人首蛇（龙）身像"。

二、蜀人

《华阳国志·蜀志》载："蜀之为国，肇于人皇，与巴同囿。至黄帝，为其子昌意娶蜀山氏之女，生子高阳，是为帝喾。封其支庶于蜀，世为侯伯。历夏、商、周。"《史记》虽不至于将"蜀"的源头高推到人皇，却也详列世系，说蜀人的远祖出自黄帝。古史邈远，真源难以索考，但无论怎样，透过古代载籍的相关记载，可以知晓蜀人是有着悠远历史和世代传承的民族。

古史记载，几代蜀王为蚕丛、柏灌（也作濩）、鱼凫、杜宇、开明。传说"蚕丛、柏灌、鱼凫此三代各数百岁"；"望帝"

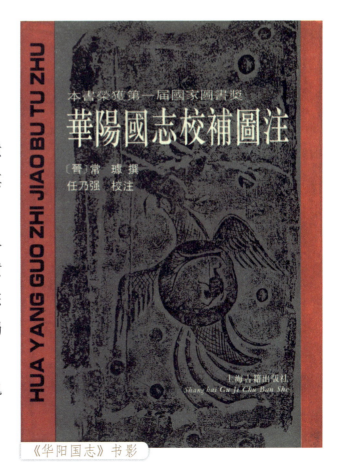

《华阳国志》书影

（"七国称王，杜宇称帝"，号曰望帝）积百余岁；开明氏取代杜宇氏以后，其统治时代最长，传位至十二世。几代蜀王是指并存或相互取代的几个王朝。大体而言，古史传说记载中的蚕丛、柏灌、鱼凫三代王朝，推测其时代是从夏朝至商末周初；杜宇王朝估计是从商末周初至春秋中叶；开明王朝则从春秋中叶至秦灭巴蜀。目前，学术界多认为几代蜀王及古蜀国主体民族蜀族的来源，大抵属氐羌系，其中又与氐系民族关系颇大。

"蜀"，在商代是商王畿之外的一个"高于氏族部落的、稳定的、独立的政治实体"，即相对独立和强盛的早期"古国"。关于蜀国的疆域，据《华阳国志·蜀志》记载，到杜宇时期，蜀国的疆域是北以褒斜为前门，西北拥有汶山，西以熊耳、灵关为后户（熊耳山在今青神县，灵关在今芦山县），南达南中（今云南、贵州西北部），其中心在今川西一带。以蜀族为主体的古民族在这一广大境域里繁衍生息，创造了灿烂夺目的古蜀文化。

在商代，蜀和中原王朝已有较为密切的政治、经济和文化交流。殷商甲骨文中有"蜀射三百"之载，意思是蜀国向商王朝提供了三百名射手，这可看出当时蜀国的实力。

殷商甲骨卜辞

据《华阳国志·蜀志》"武王伐纣，蜀与焉"，以及其他载籍的相似记载和相关地下实物资料的证明，迄于商末周初，蜀人踊跃地参加了推翻商王朝的"武王伐纣"之战，在所谓"西土八国"中名列第二，冲锋在前，终使殷人倒戈，因此说"周武王伐纣，实得巴蜀之师"。又据《逸周书》记载，在周初的一次会盟上，蜀王还将本族具有象征意义的吉祥物"文翰"（即所谓"有文彩""似鷁"的禽鸟）作为礼物献给周王。可见蜀与中原一直有着交往，彼此关系时好时恶，但总的来说，交好的时期占主导地位。

后来，由于中原王朝的不断强大，古蜀国则从早期"古国"逐步演变为地域性的方国、属国。到了公元前316年（一说为前329年），在秦与巴蜀的战争中，开明十二世被秦军所灭，蜀王朝宣告灭亡。自此以后，蜀文化逐渐融合于汉文化中。古蜀历史也如烟尘逝散，杳不可知。

《逸周书》书影

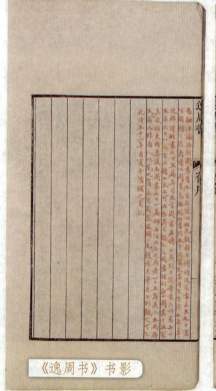

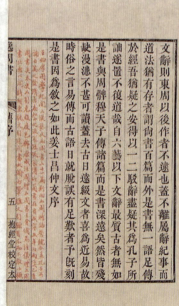

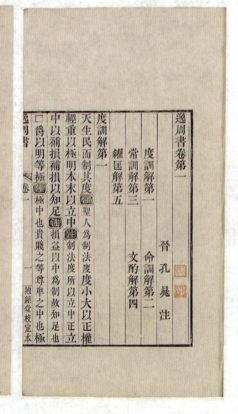

《逸周书》书影

三、蜀国

古代以中原商周王朝为正统，视其周边地区为蛮夷之地，对周边的楚、蜀、巴等方国的记载非常简略。甲骨文虽有"正（征）蜀""至蜀""伐蜀"等记载，但学术界对其位置、名称、时代等的看法各异。比如就甲骨文中"蜀"的位置而言，有的观点认为在山西，有的又说是在山东，还有的说是在河南，实在是聚讼纷纭，莫衷一是。蜀国的历史，在正史中几乎不见踪迹，仅在后人撰写的方志和笔记中略有追记，但多为神话故事和历史传说的交糅杂糅，这使得后人在研究蜀史时莫辨真伪，很难依据这些只言片语的记载追根溯源。因此，过去讨论蜀史大多仅能言及春秋战国，再上溯西周就非常模糊了。在这样的情况下，要认识早期蜀国的历史，理出其头绪，就非常需要考古发掘的新材料和考古研究的新成果。

到了20世纪初，1929年三星堆遗址月亮湾燕家老宅旁出土了一坑玉器（计有三四百件），在成都旧货市场上出现了多出于成都白马寺一带的青铜兵器，这才使历史研究者开始将这些文物和蜀史的研究联系起来。20世纪50年代以来，成都平原上发现大批战国时期的蜀人土坑墓和船棺藏，出土了大量精美的青铜兵器、容器、乐器和工具等，古蜀国晚期文明的基本轮廓至此渐渐"浮出海面"。

月亮湾燕家宅旁出土的玉器照

　　1980年以来，考古工作者开始在三星堆遗址进行系统发掘。在过去的调查发掘中，因工作地点的不同，三星堆遗址曾被分别称为"真武宫遗址""横梁子遗址""月亮湾遗址""中心场遗址"等。因同属一个遗址群落，故后统一命名为三星堆遗址。1986年，在遗址城南发现两个大型商代祭祀坑，为研究古蜀史提供了极为难得的实物资料，使人们对早蜀文化面貌的认识焕然一新。现在，已有愈来愈多的学者倾向于认为甲骨文中的"蜀"就是指蜀国及蜀地。三星堆遗址作为古蜀国的政治、经济和文化中心，见证了古蜀国由盛及衰的历史。"征蜀""蜀射三百""周武王伐纣，实得巴蜀之师"等历史事件均与此有关，进一步证实了甲骨文和典籍的记载，为重建中国上古史提供了力证。

1986 年三星堆遗址发掘照

　　1997年冬，在三星堆古城西城墙外数百米的仁胜村又发掘了20多座土坑（墓），其时代属新石器时代晚期至夏代，坑内出土有人骨架、兽骨、象牙，以及玉璧、玉斧、玉锛、玉凿、玉珠，还有半凸面璧形玉器、外缘有牙的璧形玉器、玉锥形器等少量随葬品。其中，玉锥形器的形制与距今5200年至4000年的良渚文化墓葬中所出的玉器极为相似，这就把三星堆文明又往前推进了一段。

仁胜村发掘照

陶器与考古研究

陶器在考古文化分期和文化间的比较研究等方面具有十分重要的意义。陶器具有分布广、演化快、文化间差别明显等特征，能在一定程度上反映文化发展变化的轨迹和不同文化的特色，陶器研究有助提供资料去考察古文化的情况，对考究历史文化的年代也有帮助。

近年来，四川省文物考古研究院三星堆遗址工作站的专家对三星堆遗址历次发掘出土的陶片进行了仔细整理、拼对和修复。通过整理研究，目前已找到了三星堆遗址新石器时代文化向青铜时代过渡的相关材料，并发现了西周中晚期至春秋早中期的文化遗存。三星堆新石器时代文化的陶器也较以往大大增加，现已将三星堆遗址上自新石器时代晚期、下到春秋中期的文化遗存完整串联，树立了四川盆地考古学的年代标尺，三星堆遗址当之无愧成为延续时间最长、等级最高的蜀文化中心遗址。

自1929年发现三星堆玉石器始，迄今已近90年。在这近90年中，四川省内的文博考古单位和大专院校先后对三星堆遗址进行调查和发掘，并开展了多种学科参与的综合研究，现已初步揭示出：在夏商时代，中国西南地区的成都平原上有一个高度发达的青铜文明中心，这个文明中心有其自身文化特点，又与中原夏商文明以及中原夏商文明以外的其他地区的方国文明存在密切联系。其主要的文化内涵表现在以下方面：（1）具有政治中心性质，其规模超过周围相邻的城址；（2）有高度发达的青铜冶铸技术和黄金冶炼加工技术，有规模可观的玉石器加工作坊和高超的玉石器加工技术；（3）有分

古蜀文化

在今四川及其相邻地区的广袤区域内，分布着许多古代遗址和遗迹，出土了众多文化面貌基本相同、独具特色且自成体系的文化遗物，构成了"蜀文化"这一区域性文化共同体。

距今约4800～4000年，三星堆遗址一期文化与成都平原史前城址群勾勒出古蜀文明初曙的图景。此期已出现大小城邦组织，其中唯三星堆发展成为最早的古蜀国中心都邑。距今约4000年至3200年，典型的三星堆文化形成并渐臻于鼎盛。宏大的城址、发达的青铜冶铸技术、神秘诡谲的器物群等共同构成古蜀文明的最高成就。距今约3200～2600年的十二桥文化时期，成都金沙遗址取代三星堆成为又一政治经济文化中心。金沙奇绝的器物群、宏大的祭祀遗迹及十二桥大型木构建筑群等表明当时社会结构、文化技术达至新的高度。距今约2500年，以成都商业街船棺、独木棺墓葬为代表的战国青铜文化成就了古蜀文明的再度辉煌。

公元前316年，古蜀国被秦国所灭，辉煌灿烂的古蜀文明最终融入华夏文明的体系之中。

布范围达3至4平方千米的夯土城墙遗址；（4）自然水系的合理利用与治理；（5）有较为完善的宗教礼仪祭祀制度。这些重要内容构成了三星堆遗址的主要文化内涵。

三星堆遗址的考古发现，以大量的实物例证，证明这里是一处年代上起新石器时代晚期，下迄春秋早中期，上下延续2000多年的古蜀文化遗址，同时又是夏商时期的蜀国都城遗址。可以说，三星堆遗址的考古发掘和研究成果，已初步廓清了真伪难辨的方志和笔记的旧说，证明上古蜀地是一个相对独立的文化区域，结束了古蜀历史留于神话传说和零星记载的漫长时期。

四、成都平原

四川盆地素享"天府之国"的美称，《山海经·海内经》曾对这方"天都"乐土有生动的记录："西南黑水之间，有都广之野，后稷葬焉。爰有膏菽、膏稻、膏黍、膏稷，百

《山海经》书影

谷自生，冬夏播琴。鸾鸟自歌，凤鸟自舞，灵寿实华，草木所聚。爰有百兽，相群爰处。此草也，冬夏不死。"其大意是：在当时西南黑水之间，有一个叫"都广之野"（即今四川双流）的地方，有菽、稻、黍、稷，百谷自然生长，冬夏都可以播种。这里草木四季常青，果实甘美，先秦的农官后稷就埋葬在此地。这里有色彩斑斓的凤鸟翩翩起舞，鸾鸟鸣声婉转悦耳，百兽共处，一派祥和，有如仙境。可见，成都平原的美丽富饶自古如此。

成都平原位于盆地西部，东西宽约60～70千米，南北长170千米，总面积达9500平方千米，地势西北高而东南低，是西南地区面积最大的平原。由于海拔高，温差大，其亚热带季风气候温暖湿润，所以动植物种类繁多，矿产丰富，这些得天独厚的自然因素，为古代不同生产力水平的发展和不同民族的劳动生息提供了优越的条件。

成都平原正好处在周围各种古文化互相交汇的地带，岷山千里纵贯南北，山间的河谷为民族的南北迁徙创造了通道。自古以来，成都平原就是文化交流和各族汇集的所在地，发展成这一区域古文化的中心，形成了雄踞西南的充满开放精神的古蜀文化，造就了一个伟大的古代文明的发源之地。

成都平原风光照

第二节　雾中王国
——蜀王的故事

"自从盘古开天地，三皇五帝到如今。"盘古凿开混沌，天地正位之后，在中国的大地上出现了三位分管天地人事的天皇、地皇和人皇。其中的人皇氏九兄弟分别执掌天下九州，今四川区域便属当时的梁州。

古史传说记载，蜀人的远祖出自黄帝。黄帝就是人皇的后裔。神话中说，他能"撒豆成兵"，号令熊、罴、虎、豹、鹰、鹯等与炎帝大战于阪泉之野。黄帝还是种种器物的创制发明者，如说他造车、造釜甑、"始蒸谷为饭"等。总之，在古史神话传说中所塑造的黄帝是一个智勇双全、功劳沾溉后世的伟大形象。传说，黄帝在大胜炎帝，杀死为炎帝复仇的蚩尤后，在今四川旧茂州的叠溪娶了蚕陵氏之女螺祖为正妃。

螺祖聪慧颖悟，在15岁时发明了养蚕织锦的方法并普化天下，教妇女们养蚕、缫丝和织制。为了纪念她为民造福的功德，后来的人们便尊奉她为蚕神，并用猪、羊祭祀以表达对她的敬意。黄帝和螺祖婚后生有两个儿子，二子昌意后来与蜀山氏之女婚配，婚后生了个儿子，就是五帝中的颛顼。

在"九黎乱德"的时候，人神混居杂扰，祭祀活动没有统一标准。于是，颛顼受天帝之命整顿这种混乱局面，"绝地天通"，切断了地民与天神的交往，建立人

螺祖像（赵秋鸿 绘）

文秩序，使祭祀仪典成为那些具有沟通天地这一特殊本领的巫师的专职工作。共工继起奋争，助炎帝攻黄帝。于是，作为黄帝裔孙的颛顼遂与之交锋，展开了一番激战。古来相传，擎顶苍穹的八根天柱之一的不周山便是在这场战争中断折的。

后来，颛顼成为掌管北方阴冷肃杀之地的大神——冬日的太阳神。同时，因为他出生于若水（雅砻江一带），所以他也是巴蜀神。他的子孙后代就封于蜀，世代传承，至蚕丛氏兴起。

据说，蚕丛最早居住在"岷山石室"中。岷山其大，岩石峥嵘，又有很多天然洞穴，可避冬寒夏雨，所以远古的蜀人便多在山崖栖居。他们在岷山开始了耕种，使岷江上游地区成为蜀人最古老的居住地之一。以后，一支蜀先民部族顺岷江南下，进入成都平原，与当地土著居民逐渐融合，形成蜀族最早的一部。也有学者认为，古蜀人是从茂县翻越九顶山而至成都平原。蚕丛，就是古蜀国的第一代王，他教民"种桑养蚕"，将野蚕驯养为家蚕。由于蚕丛做了有利于国计民生的好事，所以古蜀先民崇拜他，后世的人们景仰他，奉其为蚕桑纺织业的鼻祖之一。史书说蚕丛死后，作"石棺石椁"，老百姓仿效这种作法，当地把这种石棺椁称为

三星堆大型纵目面具

"蚕陵重镇"石刻拓片

"纵目人冢"。《华阳国志》记载蚕丛的形象特征是"其目纵"。学术界普遍认为，三星堆青铜纵目面具所表现的正是蜀族始祖蚕丛。我们在前面提到过，烛龙也是纵目（直目），他与蚕丛后来都成为古蜀先民所敬仰、尊崇的神：烛龙是开辟神话中的天神，蚕丛则是立足于人位的"祖先崇拜"中的宗祖神。

20世纪50年代以来，在川西北岷江流域地区发掘出大量石棺葬，即应与蚕丛时代流行的葬俗有内在联系。四川茂汶叠溪有一个地名叫蚕陵关，相传蚕丛部族当年就生活在这一带。汉代曾在此置蚕陵县，至今尚有"蚕陵重镇"的古代石刻矗立于山间。蚕丛时代以后，成都平原地区又有所谓的支机石、天涯石、五块石和武担山石镜等涉及"大石头"的遗迹，学术界把这种人类早期很普遍、很有特色的的文化现象称为"大石文化"。人们崇拜大石头，是希望能像大石头那样充满力量。至今还矗立在成都文化公园内的支机石，传说是天上织女用来支垫纺织机的石头，另一种说法则认为它是古代蜀王的墓碑。同样，传说是蜀王墓碑的天涯石，也在成都天涯石街的一户人家中，直到近现代，人们还视其为神物而以香火奉祀。武担山石镜、五块石等今虽无存，但都有一段与古蜀历史传说相关的故事。

三星堆青铜大鸟头

上承蚕丛而称尊于古蜀的第二代蜀王名叫柏灌，次王鱼凫。这三代蜀王在古蜀地的统治时间都长达数百年。第一代蜀王尊称为蚕丛，既然与他教民养蚕种桑的教化之功有关，那么，第二代、第三代蜀王的名号又有什么涵义呢？

关于第二代蜀王的古史传说记载几乎是空白，称为柏灌，应是一个以柏灌鸟为族名的部族吧！在成都附近的温江，历代相传有柏灌王墓位于温江寿安乡长春村，附近有座山叫八卦山，据说"八卦"二字就是"柏灌"的讹音。

● 延伸阅读

鱼凫王墓

鱼凫王墓，又称大墓山，位于四川成都温江区寿安乡火星村。在《温江年志》和《温江县志》均载："大墓山，城北二十五里，相传为鱼凫王陵。"1985年7月，经成都市人民政府批准为第二批文物保护单位。

该墓座南向北，单冢墓，土冢，长85米，宽62米，墓高5米，占地3000多平方米。后来，由于开荒生产，墓周已成田地。在鱼凫王墓北约1千米处，原有俗称"小墓山"的鱼凫王妃墓，今遗址隐约可辨。

鱼凫王墓

古史传说记载中的第三代蜀王名叫鱼凫。鱼凫也就是鱼鹰，四川民间俗称"鱼老鸹"，以善捕鱼而闻名。以"鱼凫"为部族的族名，反映出该部族最早是以渔猎为主要的经济生活手段。东汉许慎在《说文解字》中将"鹭"也释为"凫"。鹭是凤凰的别名，《楚辞·离骚》中有"驷玉虬以乘鹭兮"，即说驾驭虬龙而乘凤车，可见，"凫"在古人眼中又是神鸟。另外，经西部高原进入平原河谷地带的氐人最初立国时是在成都平原以西，古籍上记载他们是"人面鱼身"，传说蜀人最早在今岷江上游，这些地区自古便正是氐人活动的地区。由此看来，鱼凫族也可能是由以鱼为祖神崇拜的民族和以凫为祖神崇拜的民族的联合结盟。

第四代蜀王叫杜宇，又名望帝。杜宇即是杜鹃鸟，这也是一支以鸟为族名的部族。据说杜宇来自"朱提"（音"书实"）这个地方，即今云南昭通一带。杜宇最为著名的事迹是"教民务农"。从杜宇时代开始，蜀国的农业有了很大的发展，《山海经》上记载说当时的"都广之野"有菽、稻、黍、稷，百谷自然生长，冬夏都可以播种，其富庶可见一斑。

《山海经》书影

《蜀王本纪》记载杜宇"从天堕，止朱提"，一位"从江源井中出"的女子成为杜宇的妻子；杜宇自立为蜀王，以望帝为号。所谓"从天堕"说明杜宇不是本地人，"止朱提"意指其行迹留驻在今云南昭通，古岷山在古天文上的对应为"东井"，"从江源井中出"意指其来源于岷山蜀族，"自立"即应非和平的政权更替交接。那么，据此推测杜宇取得蜀国统治权的时间当在公元前7世纪之前。

蜀地广泛流传古蜀王杜宇后来失国后啼血化为杜鹃（布谷鸟）的传说，杜甫在《杜鹃行》中是这样描述的："君不见昔日蜀天子，化作杜鹃似老乌。"李商隐的《锦瑟》中也有描述这个故事的著名诗句："庄生晓梦迷蝴蝶，望帝春心托杜鹃。"这个故事因其凄惨而美丽，曾被历代翰卿墨客反复咏唱。

三星堆遗址出土的青铜鸟

　　民间流传的一则关于杜宇的传说是这样的：当时岷江上游有恶龙，时常发洪水危害百姓。善良的龙妹不愿看到人们的生命被洪灾无情夺去，赴下游凿开嘉定山以排泄洪水，却被恶龙关进了五虎山的铁笼之中。这时，有一个名叫杜宇的善猎青年为民求治水的方法，多方奔走，巧遇仙翁赠以竹杖，并嘱咐他前往五虎山营救龙妹。杜宇持竹杖与恶龙大战，制服恶龙之后顺利地救出了龙妹。龙妹以她的聪慧协助杜宇平治了洪水，并成为杜宇的妻子。杜宇因治水功高，也被人民拥戴为王。在杜宇的大臣当中，有一个是他昔日的猎友，他常常羡慕杜宇有一位美丽的妻子，又觊觎杜宇的王位，暗地里便想加害于杜宇。有一天，他在山中打猎时，遇见了对杜宇怀恨在心的恶龙，于是便与恶龙密谋，陷害杜宇。他们诡称恶龙愿意于杜宇夫妻言归于好，将杜宇诱至山中囚禁起来。之后，这个贼臣篡夺了杜宇的王位，并想逼龙妹为妻，龙妹不从，也被囚禁了。杜宇被囚禁而又没有脱身之法，终于在焦虑悲愤中死去。他的魂化为鸟，返回故地，绕妻而飞，呼唤道："归汶阳！归汶阳！"（"汶阳"即汶水之阳，那里是杜宇以前治理的地方）其妻龙妹闻其声，也悲恸而死，魂也化为鸟，与杜宇相偕飞去……

成都金沙遗址出土的青铜杜鹃鸟形象

关于杜宇的神话，古史记载又有所不同，其大概是说杜宇因为发展了农业，深受民众拥戴，后来属国发生了大水灾，洪水滔天，肆虐人民，杜宇虽然花费大量人力、物力却仍无事于补。当时，一位来自川东荆楚地区的开明氏（又名鳖灵）即后来的丛帝，担任着辅佐大业的宰相。于是，杜宇在多番治水不成的情况下，便将治水重任交予开明氏办理。开明氏打通玉垒山，疏通水道，以除水害；凿开宝瓶口，分岷江为沱水。经过多年治理，终于治理了水患，同时，他也争取到了民心，后来便乘机取代了杜宇。杜宇失国后被迫归隐西山，抑郁沮闷，不久便抱恨逝去。因为怀念故国和人民，他死后便化为杜鹃鸟（也称为"子规"）。每当春夏之

延伸阅读

望丛祠

望丛祠，位于四川省成都市郫县县城西南，是为纪念蜀王望帝杜宇和他的继任者丛帝（鳖灵继位称丛帝，号开明）而修建的祀祠，也是我国西南地区唯一的一祠祭二主、凭吊蜀人先贤的最大的帝王陵冢。

望帝杜宇教民务农，被后代奉为农神。丛帝开明凿玉垒山、开宝瓶口，治理水患，是李冰之前岷江流域的最初治理者。二帝遗爱在民，为历代后人尊祀。"端午祭屈原，岷阳朝杜主"，蜀人闻杜鹃而思望帝。每年农历5月15（大端阳）举行的纪念望丛二帝的望丛赛歌会，是汉民族唯一保留下来的赛歌形式，现为省级非物质文化遗产。

望丛祠照（丛帝陵）

望丛祠照（望帝陵）

际，便不停地悲切呼唤，"布谷、布谷"叫个不停，直至啼泪成血，闻听到这悲唤声的人都为之凄恻。后人感于杜宇的失国之痛，多有诗记之，如"望帝春心托杜鹃""年年啼血动人悲"。后来，故国的人们为纪念杜宇发展农业和开明氏之水的功绩，世世代代立祠纪念他们，位于成都郫县的望丛祠奉祀的就是这两位蜀国的老祖宗。

美丽的杜鹃鸟专食林木上的虫类，是对森林有利的益鸟。杜宇以杜鹃鸟命名，说明了当时四川盆地农业普遍开发的事实。杜宇教民务农，加上老死于西山的悲凉遭遇，让蜀人对他十分怀念，便有了死后魂化杜鹃的美丽神话。

第三节　地下史书
——古蜀 2000 年沧桑史

在今四川及其相邻地区的广袤区域内，分布着许多古代遗址和遗迹，出土了众多文化面貌基本相同、独具特色且自成体系的文化遗物，从而构成了"蜀文化"这一区域性文化共同体。一般将蜀文化划分为新石器时代晚期至西周时期的早期蜀文化（古蜀文化）和东周至秦汉时期的晚期蜀文化（巴蜀文化）。

"蜀文化"这一区域性文化在北达汉水流域，东至荆江地区，西、南迄大渡河、金沙江及今贵州北部一带都广泛分布着，而蜀文化圈的中心区域即是成都平原。地处川西平原东北部的广汉，属龙泉山脉西麓，为沱江冲积平原地带，这里土地肥沃，水源充足，被称为天府之国的腹心。优越的自然和地理条件，为人类的繁衍生息以及古代文明的产生和发展提供了得天独厚的条件。三星堆遗址之所以能够发展成为古代蜀国的一处中心都邑，原因正在于此。

根据放射性元素碳十四测定，三星堆文化从距今4800年到2600年，相当于中原地区的新石器时代到春秋早中期，延续了2000多年。在这2000多年的发展历程中，最为辉煌灿烂的时期是商代晚期，距今3000多年。按照考古学文化序列，三星堆遗址文化可分四期，上自新石器时代晚期（距今约4800年），下迄春秋早中期（距今约2600年）。三星堆以其文化遗存的完整串联，树立了四川盆地考古学的年代标尺，堪称延续时间最长、等级最高的蜀文化中心遗址，亦是古蜀先民创建的古代蜀国的一处政治文化中心。

● 延伸阅读

三星堆考古学文化分期

考古学意义上的"三星堆文化"，系对三星堆遗址第二、三、四期文化遗存以及其它具有相同文化面貌的文化遗存的统称，以区别于新石器时代的考古学文化——"三星堆一期文化"。三星堆文化为青铜时代的考古学文化，共分三期，在三星堆遗址分别对应为遗址的二、三、四期文化遗存，时代跨度约为距今4000年至2600年。

"三星堆一期文化"（三星堆遗址第一期）所处时代大体与古蜀史传说中的"蚕丛"时期相当，与中原地区龙山文化时期大致对应，属新石器时代晚期文化。该期生产工具多为小型磨制石器，以斧、锛、凿为主，并出现了璧、环、锥、珠等小型玉质礼器，陶器器型与纹饰复杂多样，以翻领器、宽沿器、盘口器、花边口器、镂孔圈足器及平底器为主。

三星堆遗址的第二、三期文化遗存为该遗址最为繁盛的阶段，时段跨度约为距今4000年至3200年，大致与古蜀史传说中所谓"柏灌"和"鱼凫"时期相当，与中原地区夏商时期相对应，以小平底罐、高柄豆、鸟头柄勺、盉、器盖等系列陶器群为时代特色。

在距今约3200年至2600年左右的相当长的一段时间内，三星堆遗址仍然分布着面积不亚于二、三期时期的文化堆积——四期文化遗存（三星堆文化第三期），它依然是同时期成都平原最为重要的聚落之一。这一时期与古蜀史传说中的"杜宇"时期相当，对应于商末周初至春秋早中期，以尖底器、高领器、高柄灯形器、矮圈足器等系列陶器群为时代特色。

一、文明初曙
——三星堆遗址一期文化

三星堆遗址一期文化相当于中原龙山文化时代，大体对应古蜀历史传说中的蚕丛与柏灌王朝，距今约4800年至4000年。其文化遗存分布面积约5平方千米，是新石器时代晚期成都平原乃至长江上游最大的一处中心遗址。此期文化因素以本地特色为主体，遗存中含有具石家河文化与良渚文化风格的玉器和陶器，说明当时成都平原已与长江中下游地区有了文化交流。而成都平原史前城址群的发现，则表明当时已出现大小城邦组织，其中唯三星堆发展成为最早的古蜀国中心都邑。

曾主持三星堆大型商代祭祀坑发掘的原三星堆工作站站长陈德安先生认为，三星堆遗址包含着两种文化面貌不尽相同、且又有前后承继关系的遗存：一种是三星堆早期遗存，或称三星堆遗址一期文化，其相对年代大约在中原地区的龙山时代；另一种是三星堆晚期遗存，即三星堆二至四期文化，或叫三星堆遗址上层文化，其相对年代大致在夏至春秋早中期。

以三星堆遗址为代表的早期遗存，在四川盆地内有广泛的分布。绵阳边堆山、巴中月亮岩、通江擂鼓寨、汉源狮子山等处遗址，都属于这一时期的遗存。在成都平原还发现了相当于三星堆遗址一期文化的遗址，这些遗存已被命名为"宝墩文化"。在这些遗址内都发现了夯土城墙，城址规模较大。这些古城的发现，说明在三星堆一期，蜀人正由原始公社向文明社会过渡，为后来出现高度发达的夏商时代三星堆古蜀文明奠定了基础。

巴蜀地区新石器时代遗址分布图
Ba-Shu Region Basin Neolithic Sites Distribution

什邡桂圆桥遗址
该遗址是目前发现成都平原最早的新石器时代遗址。其为先蜀文化及先蜀族人从山地走向平原可能性的探研提供了重要节点，对研究三星堆一期文化的起源有着重大意义。

三星堆遗址一期文化大约距今4800—4000年，属于新石器时代晚期，相当于古史传说中的蚕丛、柏灌时期。陶器由于取材容易、制作简便，成为人们的主要生活用具，遗址中出土的这一时期的陶器以泥质灰陶为主，制作手法多为手制，轮制也占了一定的比例，平底器较多，还有少量的圈足器。陶器上还出现了细如粗线的绳纹、篮纹、重叠绳纹、网格纹、米粒纹、缕孔、细弦纹、齿纹等装饰性纹饰，显得古朴、简炼。当时，人们的生产工具以石器为主，使用的石制工具器型较小，有斧、锛、凿等，其加工较精致。这反映了这一时期已经脱离了粗放的农业阶段，出现了较高级的农业经济，农业的高度发展为生产工具的精细加工提出了技术要求，同时，也为后来生产精美的玉石礼仪用器准备了条件。另外，还出现了少量的小型玉质礼器，如璧、圭、环等。

在遗址中广泛分布着建筑遗迹，证明了当时居民众多。建筑的形式与技术是和自然条件、地理环境密切相关。从三星堆遗址残留的墙基及柱洞等情况分析，当时的建筑多为干栏式木骨泥墙建筑，即先在地上挖柱洞和墙基槽，立木柱，修建高出地面的房屋，然后以小木棒或竹棍作为墙骨，两侧抹草拌泥作为墙壁。这种建筑的优点是材料易得，而且具有良好的防风防潮性能。房屋大多为圆形和方形，一般的房屋面积为二三十平方米，最大的一处建筑面积达200平方米左右，估计是重要的公共活动场所。

这一时期，在房屋基址出现奠基坑，以青壮年或儿童作为奠基用的人牲。在三星堆遗址西部的仁胜村，发现了29座新石器时代晚期的长方形土坑（墓），它们大小不一，大的长3.6米、宽1.8米、深1.2米，小的长2.4米、宽1.2米、深1.3米，出土了兽骨、玉器、石器、陶器、象牙等物品。其中，有的坑内埋入骨架仰身直肢，有的人骨架身躯不全而似经肢解，有的坑内埋有经肢解的动物牺牲，坑壁及坑底经反复夯砸或拍打，坑内的人的躯体和动物牺牲似也经过夯砸或拍打，这是一种特殊的掩埋方式，其性质有待进一步研究。这些

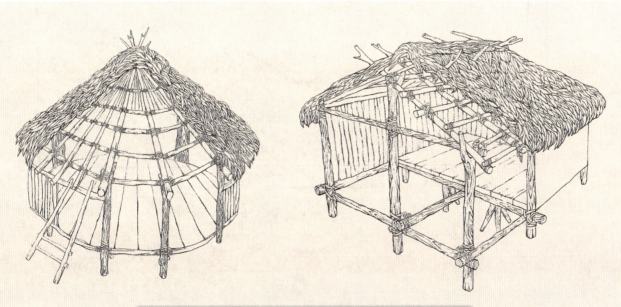

三星堆遗址建筑遗迹及房屋复原图（绘图：吴维羲）

土坑群，究竟是考古学家寻觅已久的三星堆古蜀国的墓葬，还是祭祀坑，还有待进一步研究，但这一发现对于了解三星堆古城布局、丧葬习俗以及与其他地区考古学文化的联系等有非常重要的价值。坑中出土的玉锥形器的形制、风格与江浙良渚文化墓葬中所出玉锥形器极为相似，说明早在4000多年以前三星堆和长江中下游地区就有了文化联系。

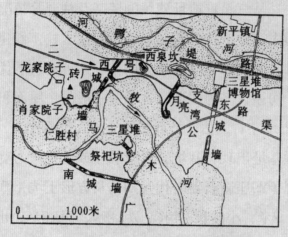

三星堆遗址仁胜村土坑墓位置图

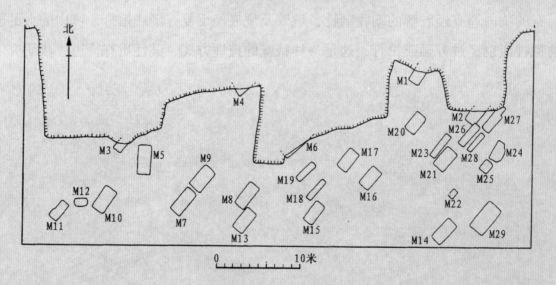

仁胜村土坑墓分布平面图

文物信息

黑曜石珠

1998年三星堆遗址仁胜村土坑墓出土

黑曜石珠

仁胜村土坑墓出土黑曜石珠共37颗，大小不等，通体黑色，形制为圆形或扁圆形。其在仁胜村墓地出土的各类玉石器中系数量最多的一类器物。仁胜墓地出土的黑曜石珠并不具备狭义的工具性能，其珠体均无穿孔，不同于串珠、管、佩饰等器物的装饰功用，从其在墓内的空间分布规律看，亦应非作为一般装饰品随葬。

仁胜村土坑墓出土锥形器共3件，均呈圆柱状，但在器体的肥瘦、锥尖端之利钝及锥形榫的长短等具体形式上则有一些差别。总体来看，其形制与良渚文化墓葬中所出的同类器相似，应是东南远古文化与成都平原新石器时代晚期至夏代的古文化之间存在某种形式的文化互动之实物例证。

仁胜墓地出土玉锥形器的5号墓，是该墓葬群中随葬玉石器品类和数量最多、遗迹现象最为复杂的两座墓葬之一，应非偶然。就器物本身看，其榫部无穿，亦不可能作串连环佩的颈饰等装饰之用。因而推测仁胜墓地所出锥形器在其所属三星堆早期居民主体的文化约定中，其主要功能之一很可能是与地位和权势象征有关的礼器。

文物信息

锥形器

1998年三星堆遗址仁胜村土坑墓出土

锥形器

● **延伸阅读**

玉锥形器

关于玉锥形器的用途，学术界有多种看法，或认为是墓主颈饰或冠饰的组成物件之一，或认为是用于顶穴疗病之砭针，或认为是宗教礼祭活动中的法器，还有观点认为方柱类锥形器是加工玉石器时用于精确定位的钻头等。

为何叫"三星堆"

三星堆遗址面积达12平方千米，其中心区域即面积约4平方千米的三星堆古城。三星堆，原指古城内三个起伏相连的"黄土堆"，位于南城墙以北约460米处，其布列形式宛若三星当空，并与其北面形如新月的月亮湾隔马牧河南北相望，故得"三星伴月"之嘉名。《汉州志》曾对此有明确记载："治（今广汉）西十五里，三星伴月堆"，"其东则涌泉万斛，其西则伴月三星"。足见这是一处得名甚早的人文景观。

经考古勘探、发掘证实，所谓三星堆实是与南城墙大体平行、残长约200米的夯筑土埂，原应为三星堆古城早期修筑的一道城墙。因其紧邻一、二号祭祀坑，故推测它不仅具防御功能，亦或兼具"祭台"功能。广义的三星堆，则是指包括该历史景观在内的这一考古学文化遗址——三星堆遗址。

宽沿器

平底器

绳纹花边罐

　　四川盆地内主要的河流有长江上游主要支流岷江、沱江和嘉陵江，这些河流给人类以充足的水源，以及交通和灌溉的便利，因此四川这块沃野很早就有人类的活动。

　　四川盆地新石器时代的文化遗址分布非常广泛。到目前为止，据不完全统计，已发现的新石器文化遗址和地点就在200处以上，特别是成都平原分布尤为密集。成都平原附近发现的新津龙马乡宝墩古城遗址、都江堰蟆城遗址、温江鱼凫城遗址、崇州双河古城遗址、郫县古城遗址等遗址年代属新石器时代晚期的古城遗址，其规模均比三星堆古城小，一般为10-30万平方米，其中新津宝墩古城遗址的规模较大，为276万平方米，而广汉三星堆古城则近400万平方米。它们的发现，说明当时的成都平原已经有了大小城邦组织。而在这些城邑中，唯有三星堆早期遗存脱颖而出，最终成为古蜀国的中心都邑，创造了耀古烁今的青铜文明。

● 延伸阅读

新津宝墩古城遗址

　　宝墩遗址年代上限属距今4500年左右的新石器时代后期，位于成都新津县城西北约5千米的龙马乡宝墩村。

　　宝墩古城城墙采用堆筑法建成，分为二期。第一期城墙东西长600米，南北长1000米，总面积60万平方米（1995年探明）；第二期城墙较残缺，其总长度约为6.2千米（2010年探明）。宝墩古城是迄今长江流域城址规模仅次于良渚古城、具有双重城墙的龙山时代城址。古城遗址内有小型房屋、灰坑、土坑等，出土遗物主要有石器工具和生活用陶，可知宝墩时期人们已过着定居农业生活。值得重视的是，修造高大的城墙、宽深的壕沟等大型设施需要具备强大的社会组织力，由此推测，成都平原在距今4500年前后已形成权力集中的聚落中心。

高山古城遗址

　　高山古城遗址属于宝墩文化早期，位于成都大邑原三岔镇赵庵村古城埂，地处成都平原西南边缘。古城平面形状大致呈梯形，东西平均长632米，南北平均长544.5米，面积约34.4万平方米。出土石器分为打制和磨制两类，以磨制石器为主，器形主要包括斧、锛（一种砍削木料的工具）、凿、刀等，以穿孔石刀、双肩石斧、打制的燧石器（包括石核、石片及燧石原料等）较有特色。遗址中发现4500年史前墓地，人骨保存状况良好。有助于破解史前先民DNA。此外，还发现象牙手镯等珍贵遗物。

郫县古城遗址

郫县古城遗址属新石器时代晚期，距今4000年左右。古城遗址位于成都郫县古城镇，是多处史前城址中保存最为完好的一处遗址。遗址长约650米，宽约500米，总面积32万平方米。郫县古城遗址是成都平原史前城址中四周城垣均保存得最为完好的一座古城，古城中发掘出大面积房址，推测为礼仪性建筑遗迹。

都江堰芒城遗址

芒城遗址位于都江堰市南郊芒城村。城址为不规则的长方形，面积10.5万平方米，特点是城垣有内外两圈，呈"回"字形。内圈城垣保护较好，城内地面高出城外约0.3米；外围城垣保护较差，与内圈城垣相距约20米，中间地面比城内外都低，可能是蓄水的沟道或封闭式的护城壕。遗址住宅多为内设灶坑的方形单间，而且大量使用了竹子作为建筑材料。出土大量陶器和石器，其中陶器以泥质居多，石器有斧、凿等。

崇州双河遗址

双河遗址位于崇州市北上元乡双河村，现存三面城垣，面积约10万平方米。与芒城遗址相同，城垣也是内外两圈，呈"回"字形，内外圈相距15米。结构和夯筑方式与芒城遗址相似，出土的大量石器与陶器的文化特征则与郫县古城遗址一致。

温江鱼凫城遗址

位于温江城北的万春乡鱼凫村，属成都平原腹心地带。城址为不规则多边形，古城面积约32万平方米。城垣破坏严重，南垣长约600米，底部垫有卵石层。城垣用斜坡堆积夯筑而成，墙底地基采用铺垫卵石的处理方法。出土石器以磨制的小型石镑为主，陶器以夹砂陶为主。

崇州紫竹古城遗址

紫竹遗址距今4300年，是成都平原目前发现的三座具有内外城墙结构的古城之中最大最早的一座（比另外两座双重城垣的芒城遗址和双河遗址早约300年）。遗址位于成都崇州市西南燎原乡紫竹村，呈长方形，城墙分内外两圈，呈"回"字形，面积20万平方米。发掘出的陶器、石器、骨制品表明，在新石器时代晚期紫竹古城就有人类在此活动，且社会已经发展到较高阶段。

成都平原地区考古学文化与其他地区历史年代对照表

中国中原地区		成都平原地区	印度	西亚	古埃及
新石器时代		三星堆一期文化（宝墩文化）	印度河文明哈拉帕文化	古巴比伦时期	第一中间期
夏					中王国时期（底比斯第一帝国）
商	前期	三星堆二、三期文化		凯喜特王朝（古巴比伦时期）	第二中间期
	后期		吠陀时期		新王国时期（底比斯第二帝国）
西周		三星堆四期文化（十二桥文化）		伊辛第二王朝新亚述时期	第三中间期
东周	春秋时期			新巴比伦王朝	伊索比亚和萨伊期的复兴
	战国时期	晚期巴蜀文化	前孔雀王朝和孔雀王朝	古波斯（阿黑门尼德王朝）	波斯王朝
					希腊王朝

二、鼎盛时期

——三星堆遗址二期至三期文化

三星堆遗址第二期至第三期文化的时段相当于中原夏商时代，大致对应古蜀历史传说中的鱼凫王朝，距今约4000年至3200年。此时期，三星堆遗址总面积约12平方千米，古城范围近4平方千米。城墙体系合理严谨，城市功能区划布局讲究、设施完备，其庞大的规模堪比同时期的中原王都。而两个祭祀坑中出土的近千件璀璨夺目的青铜重器，是大型宗教礼仪活动之产物。凡此等等，足证三星堆此时已发展成为中国西南地区的文明中心。

以三星堆二至四期为代表的晚期遗存，除在盆地内以成都平原为中心的地区有较为广泛的分布外，在川北的嘉陵江、川西南的青衣江、大渡河流域也有分布。另外，在三峡地区的商周遗存中也见较为强烈的三星堆文化因素，陕南汉中地区、鄂西地区也受到三星堆文化的影响。

文物信息

月亮湾台地出土三星堆遗址二期筒瓦、板瓦

1986年三星堆遗址二号祭祀坑出土

月亮湾台地出土三星堆遗址二期筒瓦、板瓦照

东城墙土坯砖照

考古学意义上的三星堆文化是以三星堆遗址二至三期文化为代表，时间跨度为距今4000年至3200年，相当于中原地区的夏商时代，这是典型的早期蜀文化的形成和繁荣期。一般认为，此期属古蜀史传说中的鱼凫王朝时期。

这一时期，三星堆先民开始修筑城墙。东、西、南三面城墙均采用人工斜坡夯筑的方式，以增加其牢固性。其中，东城墙遗址位于三星堆遗址最东面，地面现存部分总长约1090米，高2～5米，顶部宽20余米，如根据城墙南北端被马牧河与鸭子河冲毁的遗址宽度推算，东城墙当时应在1700～1800米左右。特别值得一提的

三星堆遗址东、西、南城墙照

是，在东城墙南段的上部和顶部还首次发现了成片、成形、成层集中分布、加工规整的土坯砖。推测其作用主要是在城墙上部的夯筑过程中，代替木质夹板起分段隔离作用。鉴于城墙顶部的土坯砖呈方块状集中分布且有一定厚度，不排除东城墙顶部当时垒筑有土坯高台建筑的可能。在城墙建筑使用土坯砖，在中国先秦城墙建筑中尚属首次发现。

　　南城墙位于三星堆遗址西南部，按走向可分东西两段，东段基本上呈正东西走向，地面现存部分总长约1150米，推测长度为2000米，顶宽10米以上，下部宽约20余米，高2米。西城墙位于三星堆遗址西北部鸭子河与马牧河之间的高台地上，与东城墙之间构成一梯形城郭。地面现存部分总长约600米，南端较高约3～6米，顶宽约10～30米，底宽约35～50米。在这几面城墙的外侧，发现有二三十米的壕沟，北接雁江，南通马牧河。城墙与壕沟的结合，充分体现了防御功能，既具有防御功能，还能防洪排涝和交通运输，它们是三星堆古城综合性水系工程的一部分。历千载沧桑，古城雄姿依然，足以令人感受到古蜀王都的宏伟气象。

仓包包城墙

青关山城墙

李家院子城墙

根据以往的考古发掘，专家们大多认为，三星堆古城的城墙只有东、西、南三面，北边是以鸭子河的天然屏障。自2013年开始，考古专家陆续在三星堆遗址北部发现了5道城墙，分别为北临鸭子河的真武宫城墙、仓包包城墙、青关山城墙、马屁股城墙和李家院子城墙。至此，三星堆古城的城墙由原来的5段变成了7段，外廓城也因"北城墙"而趋于完整。

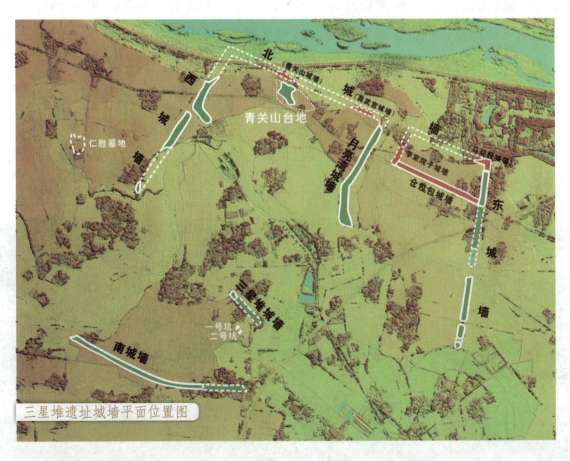

三星堆遗址城墙平面位置图

真武宫城墙照

其中，真武宫城墙位于三星堆城址北部的真武宫梁子上，北临鸭子河，该城墙东端与月亮湾城墙北端直角相接，如将真武宫城墙现存部分东西直线延伸，则刚好可与东城墙的现存北端以及西城墙的复原北端直角或近直角相接，故其有可能为苦寻多年的"北城墙"。经发掘确认，真武宫城墙残长逾200米，始筑于三星堆遗址二期偏早，斜向堆筑，与月亮湾城墙和宝墩古城（内）城墙几乎完全相同。因此，它应修建稍早，大体是夏代晚期。考古专家

月亮湾城墙剖面照

将年代相仿的城墙联系起来，在其中拼合出了面积近460000平方米的月亮湾小城和面积约88000平方米的仓包包小城。学者们认定，城墙的发现，使得三星堆城址北部的城圈结构已基本清晰，这对于认识三星堆城址的聚落结构具有深远意义。

1999年—2000年，考古学家在三星堆遗址中北部的月亮湾台地发掘了呈南北走向、与西城墙北段基本平行的城墙，其横断面呈梯形，底部宽40～43米，顶部宽20余米，主城墙高2.8米左右。墙体建筑采取无基槽式平地起夯，材料以泥土和沙土为主，局部采用鹅卵石垒筑支撑。专家推测，月亮湾城墙极有可能是内城墙或宫殿的城墙。

新世纪开篇以来至今的三星堆考古勘探与发掘，已进一步摸清了古城的布局，不仅对生活区、祭祀区、墓葬区等有更加清楚的认识，且城墙体系也更为明晰。那么，古蜀国的宫殿区又在何处呢？

2013年，考古工作者在位于三星堆遗址西北部北濒鸭子河、南临马牧河的二级台地上进行了勘探发掘，发现了三星堆遗址项目考古以来最大单体建筑基址——青关山建筑基址。青关山台地呈长方形，长约55米、宽约15米，面积约900平方米，东西两侧似有门道。根据形制和出土物判断，使用年代大约为商代，距今3000多年。这是迄今为止发现的面积仅次于安阳洹北商城一号宫殿基址北正殿的商代单体建筑基址。

青关山三号房址出土的象牙

初步推测，青关山建筑基址大约由6到8间正室组成，分为两排，沿中间廊道对称分布，正室面阔6至8米、进深约3米，中间廊道宽5米左右。存留的墙基内外各有一排密集分布疑似"檐柱"遗迹，绝大多数为长方形，共计近200个。两排"檐柱"间似有宽近1米的廊道，墙基和"檐柱"底部均由红烧土块垒砌。基址内还出土有出土的象牙、玉璧、石壁等。

关于青关山建筑基址的使用性质，目前有宫殿说、府库说和祭祀说等。发掘者认为，这么大的面积，应是王权性质，很有可能为最高统治者所使用。具体结论如何，还有待进一步的发掘和研究。无论如何，该地点是寻找古蜀国宫殿区的重要线索，且让我们拭目以待。

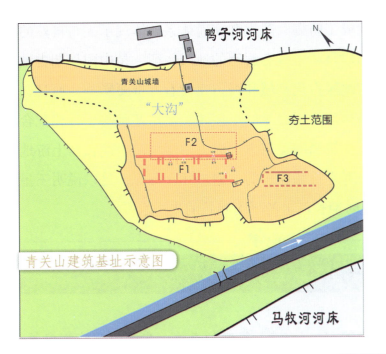

青关山建筑基址示意图

青关山宫殿建筑复原图

青关山宫殿建筑

　　三星堆古城规模宏大，作为都城，其规划不同于夏商都城布局，形成了以河流两岸台地为中心，以中轴线为城市规划与布局主线，以大城包容若干小城的总体空间结构形态，同时巧妙利用河流的交通和防御功能，构成了防御、防洪和交通体系，体现了人与自然的和谐统一。这种富有科学性的规划原则和建筑艺术具有鲜明的地域特征，是中国早期古城建筑模式多元化的杰出代表，对中国西南地区古代都城和城市建设有着重要影响。而且，三星堆古城城墙建筑的夯土技术，东城墙局部使用最早的土坯砖、运用坯砌与土夯相配合的建筑方法以及加固技术等，这种就地以土筑墙的建筑方法成为中国夏商时期长江上游地区的筑墙方式，在今天的川西平原，尚有夯土筑墙建房的孑遗。凡此等等，足以说明三星堆文化阶段的建筑技术，代表了中国夏商时期长江上游城市建筑的先进水平。

● 延伸阅读

三星堆古蜀国的城垣建筑技术

城墙建筑是三星堆文化时期的重要经济技术和社会文化建设的成就之一。就城垣建筑技术来看，成都平原史前古城城垣建筑采用二次补筑的筑城技术被三星堆文化完全继承并得到进一步发展，形成了自己鲜明的文化特色。

1. 筑城的基本方法和技术特点为"斜坡堆土、拍夯结合"。三星堆古城城垣为平地起建，城墙断面为梯形，墙基一般宽40余米左右，顶部现存宽度约20余米。墙体由主城墙（即墙心主体）、内侧墙和外侧墙（即两侧护坡）三部分组成。其堆土拍夯的方法主要有两种：

（1）平夯法。主城墙主要采用这种平地堆土、分层平夯的夯法，其两腰经铲削修整，并用夯具横向拍打，使表面平整、光滑和坚硬，每层厚约10～20厘米。据夯窝情况，推测夯具为木质圆杆。采用此法层层加宽增高，经多次加筑而成。

（2）斜堆拍夯法。内侧墙与外侧墙系斜向堆土拍夯修筑而成，即将墙土贴在已有墙体上，再用木棍拍打平整坚实，复加土重拍。

2. 坯砌与土夯相互配合的建筑方法。三星堆东城墙的垣顶部与西城墙夯土层的个别地方均发现了坯砖建筑遗迹。其中，以东城墙发现的土坯最多，垒砌最整齐。砖坯加工规整，数量较多，可知当时已较多运用此种建筑材料。在城墙建筑上使用土坯砖堪称三星堆文化阶段建筑技术上最重要的成就，也是中国城墙建筑史上发现的最早使用土坯垒筑城墙的实物例证之一。

3. 与城墙夯筑技术相配套的加固技术。三星堆古城东城墙墙基底特意做成了锯齿形壕沟，中间低而两侧高，有助于防止堆土和夯打时底部产生滑动。月亮湾城墙墙体局部则采用卵石垒筑、支撑，以增加墙体的稳固性而不致坍塌。

三星堆古蜀国的中心城区面积近4平方千米，城内布局合理，结构严谨。按不同的功能和需要分为居民生活区、作坊区、祭祀区、墓葬区等，具备了早期城市的各种功能。此一时期，祭祀活动十分盛行。1986年发掘的两个大型祭祀坑极有可能就是一次大型宗教活动的

三星堆残存土堆照

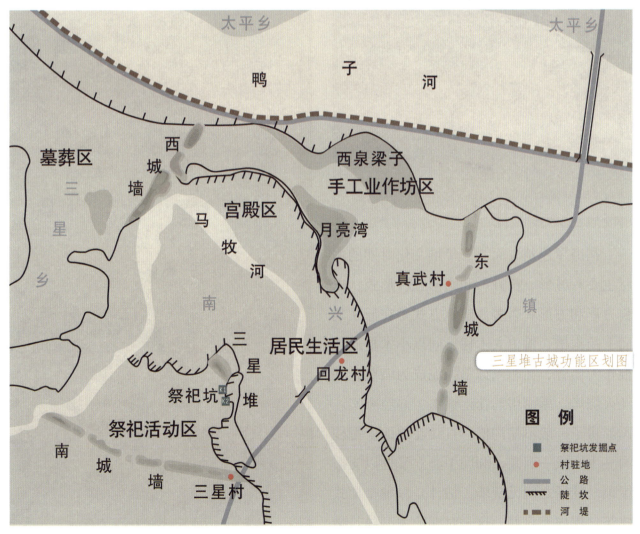

三星堆古城功能区划图

产物。青铜器在这一时期空前繁荣，两个祭祀坑的发现被称作"一次性出土金属文物最多的发现"，特别是出土的青铜雕像群堪称前所未见、闻所未闻的稀世珍宝。

一号大型商代祭祀坑照

二号大型商代祭祀坑照

在房屋建筑方面，三星堆文化时期的房屋主要有方形、长方形和圆形三种形式，以长方形和方形者居多。建筑方式是在原生地面上挖沟槽，槽中立木柱，间以小木棍或竹棍作为墙骨，在两侧抹草拌泥成为墙壁，并经火烧烤。屋面用五花土铺垫，并经夯实。圆形房子一般不挖沟槽，直接在地面上掘柱洞立木围成一圆圈，圆圈中心立擎柱以支撑屋顶。柱子之间无壁墙，估计是一种干栏式建筑。屋内有火塘。这一时期的大型建筑最

早见于二期文化晚段，为木骨泥墙式建筑，面积多达200余平方米，超过一般民居建筑，其功能可能是重要公共活动场所，甚至是一种殿堂式大型房屋。其建造技术直承木骨泥墙的传统技术，而在筑墙技术上已较同期早段同类建筑成熟，不再分两次或多次挖沟埋筑，而对于建造如此大体量的房屋，其在空间经营与控制上也应汲取了早期大型建筑的传统营构经验。

在宗教祭祀方面，1986年7月和8月，在三星堆遗址内先后发现了两个商代祭祀坑。学术界对两个祭祀坑的性质争论很大，有人认为是祭祀坑，有人认为是器物坑，有人认为是窖藏，更有人认为是陪葬坑。经过对出土文物的整理研究和学术界一段时期的讨论，现已比较倾向于祭祀坑说。从两个坑出土的器物的使用性质和功能分析，两个坑内埋入的器物均不属于日常生活用器，也不属于一般性的礼仪祭祀用器，而是仅适合于大型宗庙内使用的像设、礼仪用器和祭祀用品。两个坑内埋入的器物，同一坑内的器物年代差距较大。从器物的种类、用途和年代距离以及同一器类之间彼此连续发展，无文化面貌上的差异等情况来看，反映出是同一国家的先后时代不同的两个宗庙内的用品。两个不同时期的宗庙被毁后，再掘坑将宗庙重器埋入坑中。很可能是统治阶级内部权力的转移即改朝换代所造成。在宗庙被毁后，举行祭祀的礼仪，将宗庙器物焚后埋入坑

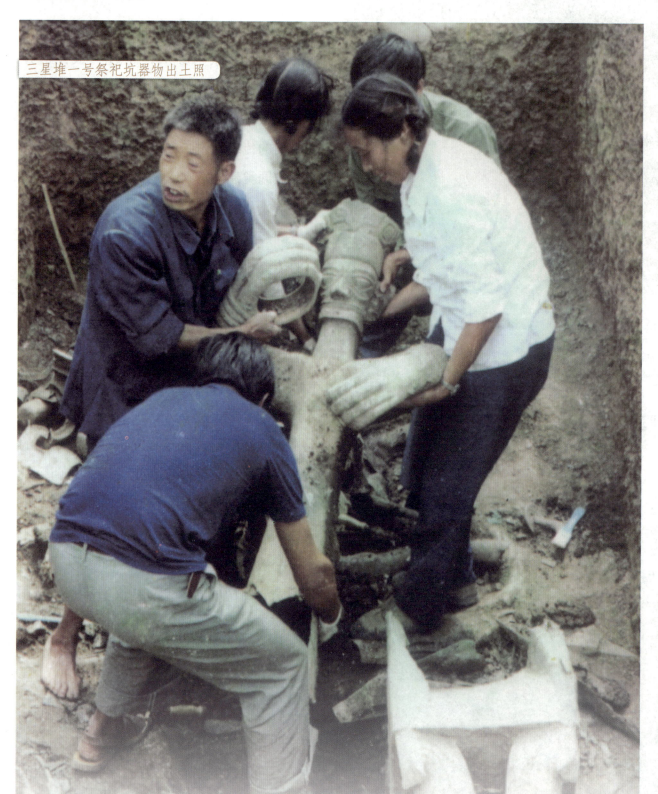

三星堆一号祭祀坑器物出土照

中。除此之外，1986年春天在一、二号祭祀坑西侧还发现两个小型祭祀坑，坑内出土铜器和玉石器，器物也经火烧过。这些情况说明三星堆文化时期（三星堆遗址二至四期）的祭祀遗迹在三星堆遗址的分布是比较广泛的。

三星堆文化在不断发展的过程中，产生了具有浓郁古蜀地方特色的陶器——高柄豆、小平底罐、鸟头把勺等，并逐步形成了蜀地陶器的基本组合，明显区别于中原商文化以鼎、鬲、甗等为基本组合的文化特征。

至今，我们尚未发现三星堆古蜀国时期的文字，考古学家只是在三星堆二、三期的部分陶器上发现了简单的刻划符号。由于数量较少，且多是单独出现，尚不能作为文字加以释读。而春秋战国时期的巴蜀铜兵器则不乏刻划符号，学术界称之为"巴蜀图语"，但它们到底是文字、族徽、图画或者地域性的宗教符号，也还存在争议。随着学界对"巴蜀图语"持续、

蜀陶基本组合图

陶高柄豆

陶豆

陶豆底炊器

陶小平底罐

陶鸟兵勺把

三星堆陶器的基本组合

高柄豆

小平底罐

鸟头把勺照

深入的研究，对解开三星堆的千古之谜应能起到一定的辅助作用。

　　一般来说，古代文明和国家产生的重要标志是城市的建立、祭祀场所的设置、青铜器的产生及文字的出现等。综合来看，三星堆古蜀国在农业、手工业、商业，特别是玉石加工、青铜冶炼铸造等领域，都取得了卓越的成就，是雄踞西南的早期城市、国家。

● 延伸阅读

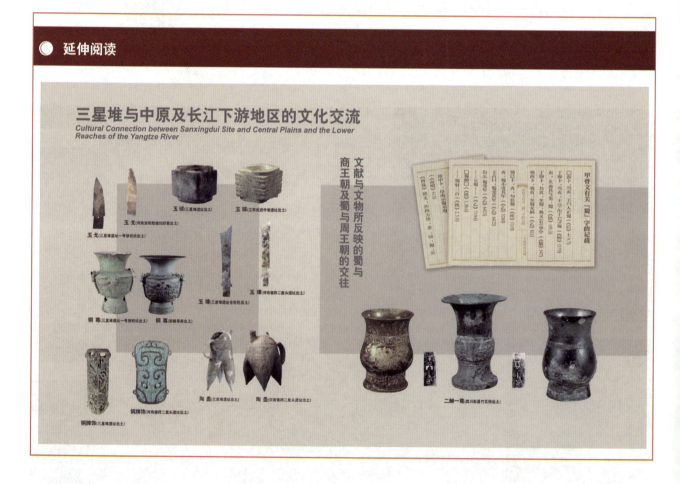

三、文脉潜行

——三星堆遗址四期文化

　　三星堆遗址四期文化相当于商代晚期至春秋时期，大致对应古蜀历史传说中的杜宇王朝，距今约3200年—2600年。在经历了长期繁荣之后，三星堆古城最终被废弃，某种自然或人为的原因，导致了古蜀国政治中心的南迁。虽然自鼎盛而趋于式微，但三星堆依然是同时期成都平原最重要的聚落之一。三星堆文明在广大区域内持续发展的完整历程，证明了其持续而强大的辐射力。2001年初发现的成都金沙遗址，可以说是三星堆文化在新的历史时期的凝聚、传承和创新，古蜀历史由是进入一个新的发展阶段。

成都金沙遗址墓葬区发掘现场

成都金沙遗址发掘现场

三星堆遗址四期文化时期，是早蜀文化由盛转衰时期，因某种因素使三星堆古城被突然废弃，其文明血脉何去何从不得而知。是什么原因导致古城废弃？庞大的古城居民去向何方？这些问题使三星堆如云遮雾障，倍增神秘。2001年初，成都金沙遗址的重大考古发现初步揭示出：以金沙遗址为代表的十二桥文化与三星堆文化具有承前启后的文化关系。自广汉三星堆之后，古蜀国政治文化中心南迁至成都，古蜀文化从此转入一个新的发展阶段。关于南迁的原因，学术界看法并不一致：或认为是改朝换代，或认为是亡国，还有学者根据三星堆遗址商末周初时期地层有50多公分淤泥层的现象，推测是一场突如其来的洪水迫使古蜀先民离开了家园。

以往不少学者认为，三星堆文化遗存的下限在西周早期，认为古蜀国政治文化中心南迁至成都后，三星堆被彻底废弃，三星堆文化中断了发展。但是，近年考古工作者通过对三星堆遗址自1980年到2000年间历次发掘资料的整理研究，已发现了西周中晚期至春秋早中期的文化遗存，这表明王朝兴替、政权嬗代并未使三星堆文明中断在本地的文脉传续，其潜行默运、绵远迢递充分彰显出其在古蜀历史文化起承转合中的文化韧性。

文物信息

三星堆文化四期的尖底器

尖底杯

尖底罐

尖底盏

成都平原是古蜀农业经济区中开发最早、面积最大和最为重要的中心地带，至商周时代，成都平原以稻作生产为主的农业经济已较为发达。而农业的发展，自然为商品经济的产生及商贸创造了有利条件。

三星堆属都邑性质，要解决庞大人口的生存问题，自有赖于大规模的农业生产活动。其地北拥鸭子河，南依马牧河，城内城外水网密布，水源充足，具有天然良好的水利灌溉条件。遗址出土的各类文物，也反映出其生产的规模化与多样性。如大量的酒具、家养动物造型等，可见证当时农业及家畜饲养业的兴旺发达。而众多出土的海贝、象牙及饰品等，则向人们透露出一些当时商贸及交通等方面的信息。

第一节　风调雨顺
——农业

在青铜时代，农具多为木制，难以留存，故三星堆遗址出土农具不多。虽然如此，遗址出土的数以千计的酒器仍可间接说明当时的农业生产已具相当水平；粮食产量高，方有余粮酿酒，以备饮用或祭祀之需。其酿酒技术亦较为进步，据初步考查，当时已能生产过滤了酒糟的"清酒"。另一方面，家畜饲养的兴旺也是农业发达的标识之一，遗址出土家养动物遗骨及各类家养动物造型颇多，可知家畜饲养业亦具一定规模。除农作物外，农副产品亦较丰盛。

陶器的创制与农业经济的发展和定居生活的需要有密切关系，因其取材容易、可塑性强、制作简便、经久耐用，被广泛运用于古代生产生活的各个领域。

三星堆陶器制作历史悠久，早在5000年前就已出现陶器。遗址内曾发现一种被称为露天马蹄窑的窑址，属我国早期的陶窑之一。三星堆早期陶器以泥质陶为主，后来夹砂陶的比例急剧上升，成为主流。这种陶器在制作时在粘土中加入了一定比例的河砂一类的羼和料，有效地防止了陶器在加热时崩裂。从三星堆遗址文化二期开始以夹砂褐陶为主，其陶器质地的变化表明，古蜀人在这一时期已开始有意识地选择陶土，烧制技术也有了相当的发展。

三星堆陶器的制作采用了轮制和手制相结合的方法，器型既规整又富于变化。此期陶器装饰工艺，主要有刮削、打磨、压印、刻划、戳刺、镂空、线雕、分制粘合、附加堆塑等以及运用施陶衣的手法装饰器表，其中如附加堆塑、镂空等装饰技法在宝墩文化时期已开先声，此时期的运用则更显纯熟。纹饰方面，种类丰富、风格洗练，主要有粗绳纹、细绳纹，另有压印纹、划纹、戳印纹、附加堆纹、弦纹、几何形纹、方格纹、圆圈纹、人字纹、波浪纹、锥刺纹及云雷纹等，在一些陶器上还发现了一些具有文字意味的刻划符号，它们是否属于早期的文字还有待进一步的研究。

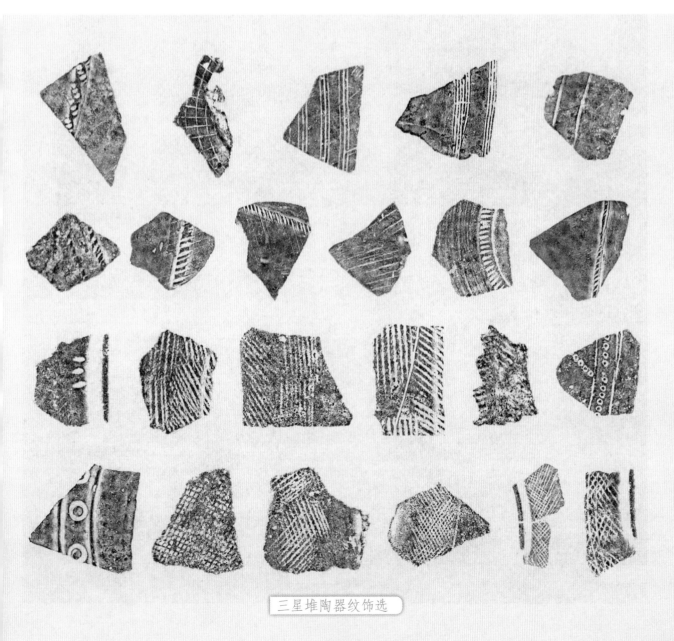

三星堆陶器纹饰选

三星堆古蜀国制陶业发达，遗址出土的陶器数量巨大，品种繁多，主要包括盛储器、食器、酒器、炊器、陶塑的艺术品以及少量的礼器和生产工具，展示了古蜀先民日常生活的生动画卷。

陶瓮　陶壶　陶瓶形杯　陶罐　陶缸

从考古地层学和类型学的意义上讲，陶器具有十分重要的作用。考古学家通常根据陶器陶质、陶色、纹饰、器型的变化来确定年代序列和考古学分期，并依据各地典型陶器的组合关系来确定其文化内涵及承传关系。蜀地陶器与中原陶器相比，具有鲜明的地域特色。中原陶器的基本组合是鼎、鬲、甗，而蜀地陶器的基本组合是小平底罐、高柄豆、鸟头形勺把等，这些器型在其他地方十分罕见，但在三星堆文化各遗址中却大量出土，是三星堆文化的典型器物。而具有中原文化特色的陶盉、铜尊等器物的出土，又反映了蜀地与其他区域文化之间既各具特色又相互联系相互影响的关系。

《山海经·海内经》记载："西南黑水之间，有都广之野，后稷葬焉。爰有膏菽、膏稻、膏黍、膏稷，百谷自生，冬夏播琴（种）。"据学者考证，文中的"都广之野"就是指今天的成都平原，后稷是先秦时代的农神，"膏"在这里是肥美的意思。这段话的主要意思是说，这是一块美丽富饶的土地，这里气候温和，水利资源丰富，土地肥沃，百谷丰收。每年两次播种，盛产菽、稻、黍、稷。

三星堆出土的大量酒具从侧面证明了古蜀国的农业已经发展到相当高的水平，如陶盉、陶杯、陶觚等。酒紧紧依附着农业，粮食富足，才有余粮用于酿酒。在三星堆遗址内，还出土了大量的陶制和青铜的动物造型，如陶塑猪、羊以及青铜公鸡、青铜尊上的羊等，同样是缘于农业的兴旺，才使得家禽饲养有了可能。三星堆丰富动物造型器物表明，古蜀王国所在地良好的自然生态及其畜牧业已相当发达。

青铜鸡（线图）

青铜鸟（线图）

金杖上的鱼造型

青铜尊上的羊造型

陶猪

陶狗

陶盉是三星堆遗址出土数量较多的一种陶器。器顶有一半圆形口，一侧有一管状短流。器身微束，一侧有一宽鋬。有三个中空的袋状足与器身相通，这既可以增加容量，又方便生火加温。陶盉是一种温酒器，三星堆遗址出土了大量的酒器，说明当时的农业生产已相当繁荣，已有大量的剩余粮食用于酿酒。

> ⬤ **文物信息**
>
> 　**陶盉**
>
> 　高47.9，宽19.6厘米
>
> 　1986年三星堆遗址出土

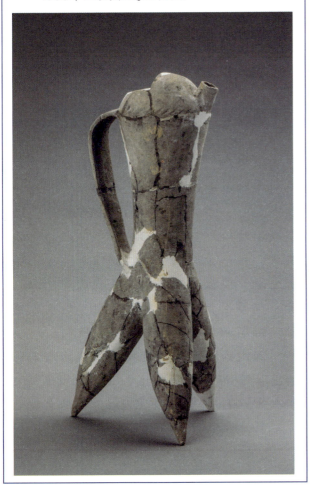

> ⬤ **文物信息**
>
> 　**陶盉**
>
> 　高33.9，宽19厘米
>
> 　1986年三星堆遗址出土

三星堆早期的陶盉形制器身较修长，足较粗，较晚者体矮胖，足较细，且有实心足尖。这件器物形体较粗大，应属较晚期的形制。陶盉是二里头文化的典型器物，三星堆遗址出土大量的陶盉，可能受到了二里头文化的影响。

延伸阅读

中国古代陶器的种类

红陶 红陶在中国出现最早，红陶烧成温度在900℃左右，黄河流域距今8000千年的裴李岗文化和距今5000年的仰韶文化、大汶口文化时期，都以泥质红陶和夹砂红褐陶为主。

彩陶 彩陶是用红、黑、白、黄、赭等色绘饰的陶器，是仰韶文化的一项卓越成就。彩陶的绘制，先在陶坯上描绘，然后进行烧制，烧成后彩纹固定在器面不易脱落，其成品有浓厚的生活气息和独特的艺术风格。彩陶纹饰以花卉和几何形图案为主，兼有动物纹，人物纹样少见。动物形象的出现反映出当时渔猎在原始社会生活中的重要地位。

黑陶 出现于龙山文化时期。黑陶的烧成温度达1000度左右，黑陶有细泥、泥质和夹砂三种，其中以细泥薄壁黑陶制作水平最高，有"黑如漆、薄如纸"的美称。这种黑陶的陶土经过淘洗、轮制，胎壁厚不过1毫米，经打磨后烧成漆黑黝亮、陶胎薄如蛋壳的陶器。

灰陶 出现于新石器时代早期斐李岗文化遗址，仰韶文化、龙山文化时期都有一定数量的灰陶，特别是用于蒸煮的器皿，多为夹砂灰陶。到二里头文化早期，则以灰陶和夹砂陶占据主要位置。

白陶 白陶指表里和胎质都呈白色的一种陶器。它是用瓷土或高岭土烧制而成，烧成温度在1000度左右。白陶基本为手制，后逐步采用泥条盘制和轮制。白陶器出现于龙山文化晚期，鼎盛于商代。商代后期白陶数量巨大、制作精致。迄于西周，因印纹硬陶器和原始瓷器的较多烧制与使用，白陶器即不再烧造。

硬陶 硬陶的胎质比一般泥质或夹砂陶器细腻坚硬，烧成温度比一般陶器高，约在1150℃～1200℃之间，其在器表又拍印以几何形图案为主的纹饰，统称为"印纹硬陶"。印纹硬陶器始见于江南地区新石器时代晚期，在商代进一步发展，至西周而兴盛。因印纹硬陶所用原料含铁量较高，故胎色较深，多呈紫褐、红褐、黄褐和灰褐色。印纹硬陶坚固耐用，绝大多数是贮盛器。商代印纹硬陶在黄河中下游地区和长江中下游地区都有发现。西周至战国时期印纹硬陶主要盛行于长江中下游地区及南方的福建、台湾、广东、广西等地。

铅釉陶 表面施铅釉的陶器。约出现于西汉中期，盛行于东汉。这种釉陶系在釉料中加入助熔剂铅，故而得名。釉料中加入铅，一方面可以降低釉的熔点，使烧成温度控制在800℃左右，使胎釉一次烧成，另一方面还可使釉面增加亮度，平正光滑，使铁、铜着色剂呈现美丽的绿、黄、褐等色。其成品有单色釉，也有复色釉。釉层清激明亮，光泽平滑照人。

汉代铅釉陶技术的发明，既为唐三彩的出现开辟了道路，也为釉上彩的发展奠定了基础。在中国陶瓷史上具有重要意义。

第二节　丝路悠悠
——商贸

在文明社会初期，人们在从事商品交换时大都以海贝作为原始货币。三星堆祭祀坑所出土的数以千计的海贝或具货币性质，而罕见的铜贝亦有可能属最早的金属货币之一。蜀地漆器在先秦时期即已名扬遐迩，日后更是远销各地，三星堆距今3000多年前的漆器当是其滥觞。三星堆的各类青铜人物雕像服装整齐，衣饰繁复，做工考究，可略见当时纺织服装工艺之概貌。大量的象牙，除有原产本地之可能性外，也有可能是三星堆古蜀国与周邻或更远地区的商贸物品。

位于成都平原的三星堆，是中国西南及长江上游地区古代文明的中心。三星堆遗址的重大考古发现，使人们见证了古蜀王国灿烂的青铜文化及所体现出的高度发达的古代文明。由三星堆青铜文化所深刻揭示出来的古蜀的独特文化模式、文明类型和悠久始源，使其在中国文明起源与形成的研究中占有特殊地位，是中国古代区系文化中具有显著地域政治特征和鲜明文化特色的典型代表。

文化的发生和文明的进步端赖交流。自古以来，不同文明或文化通过器用、制度、习俗、观念、行为等多层面、多形式的交流互动，使彼此的文化生命在吐故纳新中孕育滋长，亦使人类文明之花益显丰满多姿，而道路的开发与修筑则在其间发挥着举足轻重的作用，至今仍是文化开放、社会发展的表征。古代中国的四大"丝绸之路"——南方丝绸之路、北方丝绸之路、草原丝绸之路和海上丝绸之路，即是将中华文明与世界文明紧密联系起来的国际交通线，其中，开通最早、线路最长、途经国家最多的是南方丝绸之路。而成都平原，正是南方丝绸之路的发源地，悠悠丝路自兹发端，凿空万里，通向世界。

成都平原是古蜀文化的中心地区，高度发展的三星堆文明是西南地区的"文明高地"，南方丝绸之路的形成与它有着密切关系。南方丝绸之路从这里出发，经云南，入缅甸，抵印度，直通中亚和西亚。又有几条支线抵达南海与中南半岛，织成了古代中国与南

丝绸之路

丝绸之路这一名称，为德国地理学家李希霍芬1877年所提出，意指古代中国以丝绸为主要贸易内容的东西方国际交通线。古代中国通注西方和海外的丝绸之路有四条——南方丝绸之路、北方丝绸之路、草原丝绸之路和海上丝绸之路，这几条交通线将中国文明与世界文明紧密联系起来。

南方丝绸之路古称"蜀身毒道"。以成都为起点，经云南，入缅甸，抵印度，直通中亚和西亚。其支线"牂柯道"，通过红水河、黔江、西江水路，经贵州、广西抵达广州而至南海。另有一条支线通过礼社江、元江、红河水路，出云南抵达越南而至中南半岛。

亚、中亚、西亚以及东南亚的巨大交通网络。三星堆文明的历时性辐射，不同程度地影响了西南地区青铜文明的产生与发展，并对西南地区民族文化的凝聚及其整合融入中华文化圈的历史进程起了重大推动作用，同时还对东南亚地区一些文化因素的形成产生了久远的影响。

古代西南地区与缅甸、印度等异域殊方的商贸物资经由此道以相通有无，丝绸、布帛、金银、瓷器及农副产品等，通过这条丝绸之路源源不断地输往缅印及东南亚、中东地区，缅印及东南亚等异域的山货药材、珠宝玉石等经由此路输入我国。巴蜀文化、滇文化、古印度文化、古西亚文化等多种文化区的重要古代文化也通过南方丝绸之路而互通款曲，谱写了中西古代交通史与文化史上的灿烂篇章。

一、海贝

三星堆两个祭祀坑出土了大量的海贝，近5000枚。海贝形体较小，经鉴定，种类大致有齿贝、环纹贝、虎斑贝、拟枣贝等。与世界上许多国家一样，海贝是中国文明社会初期从事商品交换的原始货币，是财富的象征。以贝随葬的情况在商代的许多墓葬中均有发

海贝

三星堆一、二号祭祀坑出土，长1.5厘米左右

现。从海贝的品种来看，三星堆遗址出土的贝大体上包含了商代中原各地以及春秋至西汉时期云南各地的用贝品种。古蜀地处内陆，大量海贝的出土，可见当时古蜀国与周边地区商贸往来的频繁。三星堆海贝出土时，大多装在铜尊、铜罍等青铜礼器中，应是献祭给神灵的祭品。除海贝外，三星堆二号祭祀坑还出土了四枚模拟齿贝形态制作的青铜贝，有人认为，这是中国最早的金属货币，但因出土数量很少，仅有三星堆遗址和一些晚期商墓中有零星出土，目前还很难作出定论。

三星堆一、二号祭祀坑出土的这些海贝大致分为黑、白两色，略呈卵圆形，背部上方略高，大部分背部被磨平，形成穿孔，可能是为了穿挂串系之用。

● 延伸阅读

三星堆出土的海贝中，有一种环纹货贝（Monetriaannulus），日本学者称为"子安贝"，大小约为虎斑贝的三分之一左右，中间有齿形沟槽，与云南省历年来发现的环纹货贝相同。这种环纹货贝，只产于印度洋深海水域，既不产于近海地区，更不产于江河湖泊。有学者认为，地处内陆盆地的三星堆出现如此之多的齿贝，显然是从印度洋北部地区引入的。

从考古发现来看，中国西南地区出土来源于印度地区的白色海贝，并非只有四川广汉三星堆一处，其他地方如云南大理地区剑川鳌凤山的3座约当春秋中期至战国初期墓葬中出土海贝共47枚，云南呈贡天子庙战国中期的41号墓出土海贝1500枚，云南晋宁石寨山古墓群有17座墓出土海贝，总数达149000枚。此外，云南大理、楚雄、禄丰、昆明、曲靖珠街八塔台也出土海贝。四川地区如岷江上游茂县石棺葬、四川凉山州西昌的火葬墓中也出土海贝。将这些出土海贝的地点连接起来的，正是中国西南与印度地区的古代交通线路——南方丝绸之路。

三星堆青铜贝

● 延伸阅读

南方丝绸之路路线

　　南方丝绸之路国内段的起点为蜀文化的中心——成都，从成都向南便分为东西两条主道。西道沿着川西北和川西南山地蜿蜒南下，这条道被称为零关道（东汉时又称牦牛道）。东道从成都南行，进抵大理。东西两道在大理汇合后，继续西行，称为博南道，经保山、腾冲，出德宏抵缅甸八莫，或从保山出瑞丽而抵八莫。南方丝绸之路还有更东的一条南下路线"牂牁道"，从成都经今贵州西北至黔中，通过红水河、黔江、西江水路，经贵州、广西抵达广州而至南海。

　　南方丝绸之路是中国古代的国际通道，它的国外段有西路、中路和东路三条。西路即历史上有名的"蜀身毒道"，后又称"滇缅道"，出云南后经缅甸八莫，至印度、巴基斯坦以至中亚、西亚。这条纵贯亚洲的交通线，是古代欧亚大陆线路最漫长、历史最悠久的国际交通大动脉之一。中路是一条水陆相间的交通线，水陆分程的起点为云南步头，先由陆路从蜀滇之间的五尺道至昆明、晋宁，再从晋宁至通海，利用红河下航越南，这条线路是沟通云南与中南半岛的最古老的一条水路。东路，从蜀入滇，至昆明，经弥勒，渡南盘江，经文山，出云南东南隅，经河江、宣光，遁盘龙江而抵河内。

三星堆地理位置及南方丝绸之路走向示意图
Map of the Geographical Position of Sanxingdui and the Trend of the Southern Silk Road

二、象牙

1986年，三星堆发现的两个大型祭祀坑共出土了近80枚象牙，其中一号坑13枚，二号坑60枚。此外，二号坑还出土了象牙珠和雕刻有文饰的象牙器残片，经鉴定为亚洲象的门齿。1997年，在三星堆遗址西城墙外的仁胜村土坑群也发现了一枚象牙。2013年，三星堆遗址西北部的青关山建筑基址内又发现了象牙。

三星堆祭祀坑象牙出土照

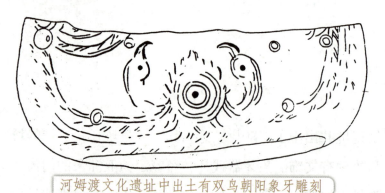

河姆渡文化遗址中出土有双鸟朝阳象牙雕刻

虽然先秦时期其他古代文化遗址中也有象牙制品出土，如新石器时代的河姆渡文化遗址中出土有双鸟朝阳象牙雕刻，商代安阳殷墟出土的镶嵌绿松石的象牙杯等，但数量都很零星，像三星堆这样如此之多的象牙集中出土，在中国乃至世界考古史上都堪称奇观。2001年，在距三星堆遗址40多千米的金沙遗址更是发现了数以吨计的象牙，这么多的象牙给我们留下了许多疑问，这些象牙为什么会集中埋藏？它们到底有什么用途？又来自何方？

三星堆两坑象牙出土时，覆盖在玉器和青铜器之上，处于最上层，象牙在坑中纵横交错地迭压在一起，并有明显的烧焦痕迹。如此多的象牙一次性集中掩埋，在国内是十分罕见的。象牙是统治阶级财富的象征，关于三星堆两个祭祀坑中象牙堆积的功用，有学者认为，象牙有巫术作用，是作为厌胜的灵物而埋入土中的；也有学者认为，象牙是奉献给神灵的祭品。至于象牙的来源，有学者认为源于商品交易，是蜀地与其他地区商贸往来的产物。有学者认为，商代三星堆遗址的象群遗骨遗骸以及三星堆和金沙的象牙，既不是成都平原自身的产物，也不来自于与古蜀国有关的中国其他古文化区，这些象群和象牙是从象的原产地印度地区引进而来的，其间的交流媒介，正是与象牙一同埋藏在祭祀坑中的大量贝币。而从文献记载和考古材料两方面看，都已证实在春秋战国以前，长江流域的生态和气候条件都适宜象的生存，并有大象活动的遗迹，所以三星堆的象牙也有可能出自本地。

象牙不仅用于祭祀，还用于制作工艺品。祭祀坑出土了象牙串珠和几件刻有纹饰的象牙饰件，制作精美，极富生活气息。

三星堆青铜制品中最具权威、高大无双的二号坑青铜大立人——古蜀神权政体的最高统治者蜀王的形象，其立足的青铜祭坛（基座）的中层，也是用四个大象头形象勾连而成的。

三星堆青铜大立人基座照

文物信息

象牙

长112厘米，基部直径13.8 厘米

三星堆二号祭祀坑出土

　　象牙表面无加工痕迹。由于在掩埋前曾被焚烧，再加之埋藏时间久远，象牙的齿质都已遭到破坏，出土后失水较快，多数已酥松碎裂，经采取化学固形修复保护，一部分象牙得已保存下来，但原有的色泽已不复存在。

象牙珠

直径0.4~1.2厘米，长1.1~3.1厘米厘米

三星堆二号祭祀坑出土

　　祭祀坑出土的象牙珠有长鼓形和算珠形两种，此为长鼓形珠，大小不等，两端小，中间大，中有一穿，两面绘黑色双重圆圈纹。象牙是财富的象征，用象牙制作的装饰品也应属上层贵族所有。象牙珠出土时，大多盛放在尊、罍等青铜礼器中，应是奉献给神灵的祭品。

三、虎牙

三星堆二号祭祀坑出土虎牙3枚，长9.3~11.3厘米，宽2.3~3.1厘米。由于长时间与青铜器埋藏在一起，虎牙为铜锈浸蚀而呈碧绿色。每个虎牙的根部都有一穿孔，可能用来系挂穿戴作装饰之用的。蜀人有尚虎的习俗，虎以其威武凶猛的形象令人敬畏，用虎牙制作的工艺品不仅仅具有装饰的功能，可能还是权力和力量的象征，具有辟邪的作用。

虎牙

四、服饰

服饰，是人类文明的标志之一，又是人类生活的要素。它除了满足人们物质生活需要外，还代表着一定时期的文化和审美趣味。从三星堆青铜造像群看，古代蜀人的服饰文化在形式和内涵上都显得极为丰富多彩，不仅有形式多样的冠帽、头饰、腰带等，而且有华丽的衣裳和多种材料样式的服装。

　　就衣裳样式来说，主要有三层窄袖半臂式右衽上衣、对襟衣、长衣、短衣、甲衣、斜襟衣及紧身包裙等。其中，对襟衣是三星堆青铜人像中穿着较多的一种衣服样式，无衣领，两襟相交于颈部成V字形，有的对襟衣有简单纹饰；短衣样式为交领右衽窄长袖短衣，衣无纹饰。二者相配装束是腰间系带。特别值得大书特书的是大立人像所着的三层窄袖半臂式右衽上衣，其上衣分三层，里面是一件袖口细窄的长袖上衣，外套两层短袖上衣。满饰以龙纹为主的多纹饰的最外一件斜领向左交掩，长度达到腹部以下，外衣左右两侧各垂下一刀形突出的衣裾。其身披法带，穿龙纹左衽"龙袍"，长襟燕尾，可谓极尽华丽高贵之能事。这些不同形制、花纹的衣物，不仅展示了蜀人丰富多样的服装样式，而且体现了不同身份的人在服饰上的差异。

三星堆服饰集录

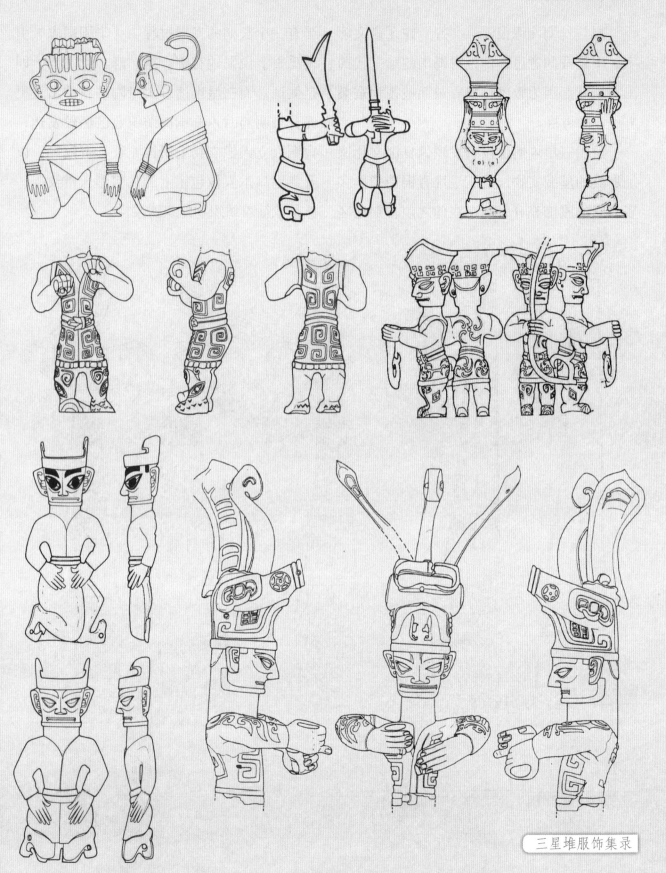

三星堆服饰集录

蜀与丝绸渊源很深。"蜀"在《说文解字》中是蚕的意思，传说古蜀国的第一代蜀王蚕丛就是因为教民种桑养蚕而被视为蚕桑养殖业的鼻祖。

虽然三星堆遗址没有发现像良渚文化遗址那类的丝绸实物，但三星堆青铜造像群多姿多彩的服饰充分表明，在此之前古蜀地区当有一个长期的发展过程。《华阳国志》引《禹贡》说蜀地有锦、绣、麻、纻之饶，即是侧证。而三星堆遗址大量陶纺轮的出土更充分表明当时古蜀国的纺织业已经较发达，青铜大立人像衣物上所饰龙纹、蚕纹等，以及青铜鸟爪人像包裙上的几何形云雷纹等，应是象征着纺织物的织绣纹样。

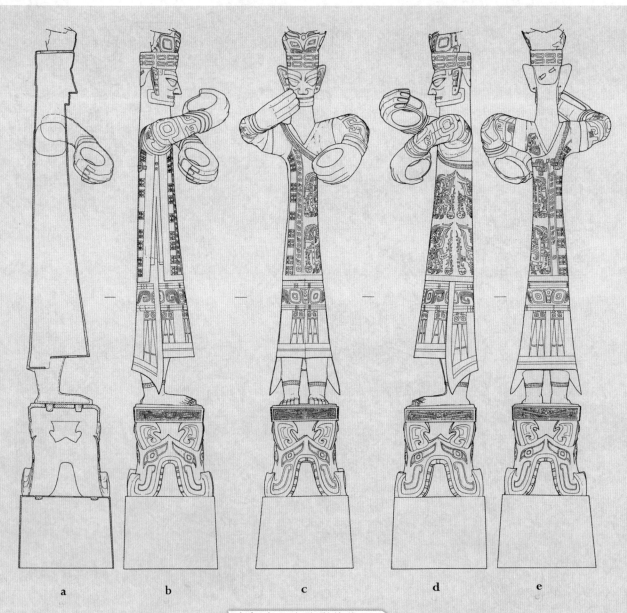

a   b   c   d   e

青铜大立人像服饰线图

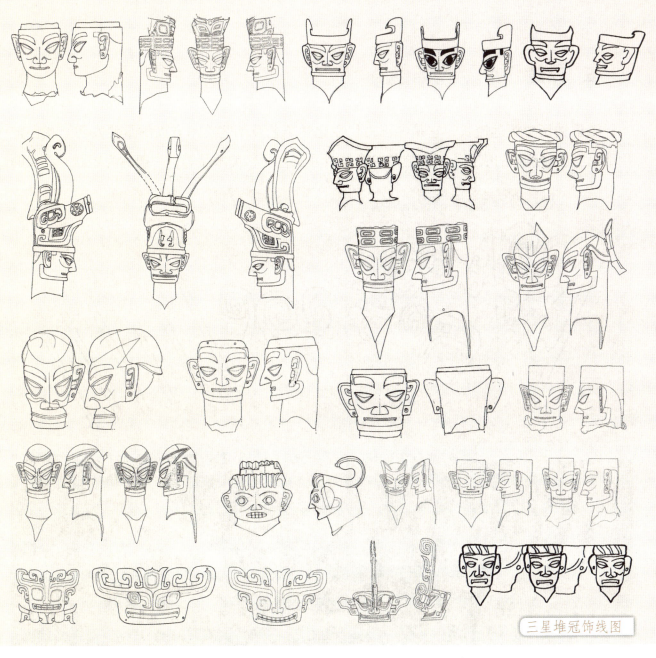

三星堆冠饰线图

各类青铜人像的头冠样式也各具特色，如太阳冠、象首冠、回文冠等，风格样式或简约，或繁复，均显出精美考究的韵致。即便没有冠饰的也把头发盘成发辫，有的在脑后还插有用于束发的发簪，既实用又有装饰效果。

不仅如此，精美玲珑的玉石挂饰、串珠之类的物品，则无疑是当时人们身上的装饰品。

古代蜀人的服饰文化特色鲜明，自成体系，说明三星堆时期古蜀王国不仅拥有发达的蚕桑纺织业，并且已经大致形成了一套服饰制度。丰富多彩的三星堆服饰文化与当时古蜀王国的经济发展、社会生活状况紧密相联，形象地展示了古蜀青铜文明的繁荣和辉煌。

五、漆器

漆器的历史源远流长，它是中国古代在化学工艺及工艺美术方面的重要发明。我们把用漆涂在各种器物的表面上所制成的日常器具及工艺品、美术品等，一般称为漆器。漆器的

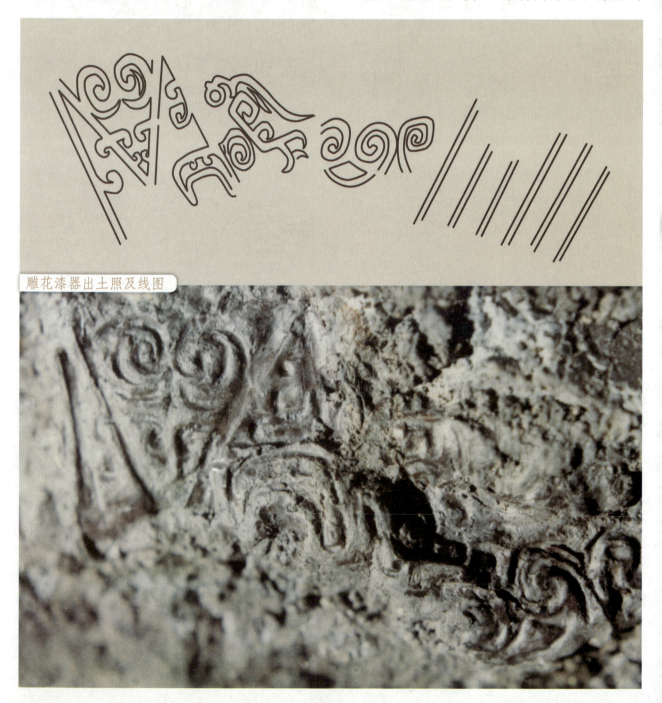

雕花漆器出土照及线图

制作首先是割取生漆。生漆是从漆树割取的天然汁液，主要由漆酚、漆酶、树胶质及水分构成，以之作涂料，有耐潮、耐高温、耐腐蚀等特殊功能，又可以配制出不同色漆，形成光彩照人的效果。

成都平原自古以来就是漆器的主要产地之一，其地盛产制作漆器的主要原料——生漆和朱砂。三星堆雕花漆木器的出土，表明早在3000多年前的古蜀时期，其漆器工艺就已达到很高水平。三星堆雕花漆器外面涂土漆，木胎上镂孔，器表雕花纹。据发掘者描述，该漆器出土时，当拨开它上面的覆土，漆色依然非常鲜亮，图案精美，可惜的是这件漆器已经彻底腐朽，无法再修复。

此外，三星堆戴金面罩青铜人头像上面的金面罩内侧有一层"极薄的呈枣红色的硬壳"，专家认为正是土漆粘接时所留痕迹，可见三星堆时期的古蜀人已熟练掌握了割漆、生漆加工、制胎、上漆等工艺。

第三节　　陶然升华
——三星堆陶器

陶器在遗迹和地层单位的年代测定和考古学文化的断代分期等方面，具有十分重要的意义。陶器的创制与农业经济的发展和定居生活的需要有密切关系，因其取材容易，可塑性强，制作简便，故陶器产生后即扩展到生产生活诸领域。蜀地陶器的典型器物是小平底罐（包括各类尖底器）、高柄豆、鸟头形把勺、器盖等，并因之形成蜀陶的基本组合定式。

三星堆古蜀国制陶业高度发达，遗址出

> **● 延伸阅读**
>
> 一般来说，新石器时代早中期陶器多为红陶，晚期到商周多为灰陶。灰陶较红陶硬，这是因为这时古人在烧制陶器的过程中使用了独特办法，即在烧制最后阶段注窑炉里泼水，以使陶器质地更加紧密。而在陶土中加入沙子或选择含砂的陶土，可使陶胚在制作过程中降低变形和破裂，因此，砂质陶器又可用作炊具，有点类似今天的砂锅。

陶瓿

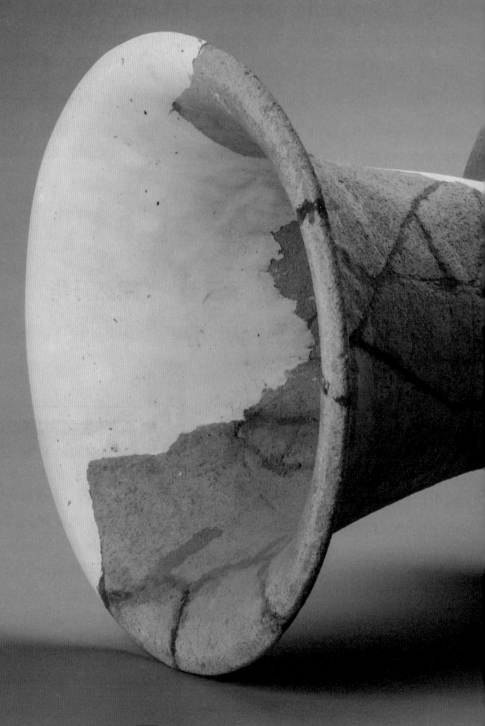

土的陶器数量巨大，品种繁多，礼仪用器占有相当比例，尤以各类酒器和盖纽的造型颇具特色。此外，还出土了数以千计的鸟头形把勺，其鸟头形象颇似鱼凫（鱼鹰），当是具象征意义、与祭祀活动有关的器物。

以下简要介绍一下颇有代表性的尖底器、陶单耳杯和双耳杯、陶高柄豆、三足炊器以及陶盉。

尖底器是蜀陶中较为典型的器物。尖底的器物无法平放，那么古蜀先民是如何使用的呢？遗址内出土的大量陶质器座为我们解释了这些尖底器的使用方法，尖底器是与器座成套配合使用的。这种用法让人联想起今天仍流行于四川的"盖碗茶"，倒真是异曲同工、一脉相承，确是一种巧妙的设计。

尖底器

陶小平底罐

三星堆遗址出土了大量的青铜器，但目前还未发现用于浇铸时熔化铜水的坩埚。有几件暂时定名陶瓯的器物，高约20厘米，其器壁厚约二三厘米，明显厚于一般陶器的器壁，估计可能就是坩埚。而其器体类尚存的泥芯（即内模），可以作为浇铸模制的证明之一。

三星堆遗址出土了数量巨大的陶小平底罐，是当之无愧的蜀陶典型器物。其罐底平而小，罐口略内收，整器呈上大下小状。这种器物上大下小而不失沉稳，罐体圆转美观而耐用，在当时十分流行。

陶盉是中原龙山文化时代的流行器物，为二里头文化所承袭并成为二里头文化的典型器。三星堆遗址出土大量陶盉，应与二里头文化的影响有关，但古蜀先民在接受外来文化因素时，又融入了地域审美和文化性格，使三星堆陶盉在形制特征上自具特色。

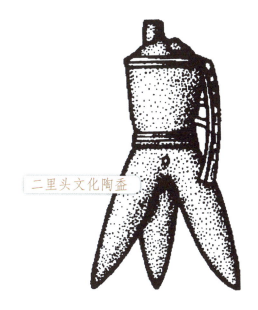

二里头文化陶盉

延伸阅读

龙山文化

龙山文化泛指中国黄河中、下游地区约新石器时代晚期的一类文化遗存。因首次发现于山东历城龙山镇（今属章丘）而得名。1928年，考古学家吴金鼎在山东历城龙山镇发现了城子崖遗址。此后，考古学家们先后对城子崖遗址进行多次发掘，取得了一批以精美的磨光黑陶为显著特征的文化遗存。根据这些发现，考古学家把这些以黑陶为主要特征的文化遗存命名为"龙山文化"。

鸟头勺把是三星堆最为著名和最具特色的陶器制品。鸟头勺把即为陶勺的柄部装饰，数量大，造型多样，按类别大致可分猛禽、鸣禽和涉禽三类。诸类鸟头勺把的造型洗练，纹饰简洁，寥寥几笔就将禽鸟刻画得栩栩如生，堪称三星堆陶器中艺术精品。

如上面所介绍，以高柄豆、小平底罐、鸟头柄勺等为代表的一组标型器物组合，构成三星堆文化时期陶器群的基本特色，这既是三星堆文化区别于其他文化的重要标志，也是此期制陶技术成熟、制陶业发达的重要表征。

延伸阅读

二里头文化

二里头文化是指以河南省洛阳市偃师二里头遗址为代表的一类考古学文化遗存，主要集中分布于晋南、豫西。二里头遗址是一处夏代晚期的都城遗址，总面积约3平方千米，遗址内发现有宫殿、居民区、制陶作坊、铸铜作坊、窖穴、墓葬等，出土有大量石器、陶器、玉器、铜器、骨角器及蚌器等遗物，其中的青铜爵是目前所知中国最早的青铜容器。二里头遗址和二里头文化成为公认的探索夏文化的关键性研究对象。

一、祭祀与生活用品

三星堆陶器数量众多，器形多样，用途广泛。既有体量较大的，如建筑构件板瓦，贮器如瓮、缸，炊器如三足器等，也有小巧别致的食器，如盘、盏，饮器如杯等。古蜀人在制作这些祭祀与生活用品时，不仅注重其实用功能，同时把自己的审美追求融入其中，从而使三星堆陶器在总体风貌上体现出构思巧妙、造型优美之特点，成为实用性与艺术性兼具的陶艺佳品。正是这些看似普通的用品，让人们看到了一幅几千年前古蜀先民日常生活的生动画卷。

陶器因取材容易、可塑性强、制作工艺简便，且烧制成型后，耐酸碱腐蚀、经久耐用，具有一般金属器所不能替代的诸多优点。在三星堆遗址曾发掘出一种被称作"露天马蹄窑"的早期陶窑遗址，数以亿计的陶器残片的出土，足可说明当时陶器的种类已颇为丰富。通过多年的考古发掘证明，诸如炊器、酒器、饮用器、食用器等生活用器以及少量的礼器和生产工具，在三星堆古蜀国曾被大量而普遍地使用。古朴的蜀陶，向我们展示了古蜀先民日常生活中一幕生动的生活画卷。

总体看来，三星堆的陶器具有以下特点：

1. 优质的制陶原料

从三星堆出土的陶器来看，古代工匠选择的陶土是优质的易融性粘土，较之一般性的泥土更具可塑性，而且有意地加入了砂粒、石灰粒、稻草末等，其目的是使陶胚不易变形，陶器的质地更加紧密，而且提高成品的耐热急变性能，避免在火上加热时发生破裂。

2. 精良的制作

从大体上看，三星堆的陶器主要运用了手制和轮制的方法。

手制成形主要包括三种方法：

捏塑法。即直接捏塑出需要的造型，一般小型陶器多用此法。用这种方法制作的陶器相对说来器形不太规整，而且器壁上常留有指纹。

模制法。有些特殊的器形往往局部采用模制的方法。如陶盉的袋状足应该就采用了袋形足的内模。

　　泥条盘筑法。这种方法是先将泥料搓成泥条，然后圈起来，一层一层地叠上去，并将里外抹平，制成器形。这是三星堆陶器手制的主要方法。

　　轮制法是一种更进步的制陶工艺。陶轮亦称陶车，是一个固定在矗立的短轴上的圆盘。加工陶坯时，把合好的泥料放在转动的轮盘上，利用其快速旋转的力量，用手掏料，用提拉的方式制成陶坯。轮制法制作的陶器的典型特点是：器形规整，厚薄均匀，陶壁表里普遍有平行密集的轮纹。轮制陶器可以说是制陶技术的一个飞跃，不仅增加了陶器的生产数量，而且提高了质量。三星堆时期以慢轮制坯成形为主，器型规整，圆弧适度。少数器物如薄胎尖底罐等已使用快轮制法。

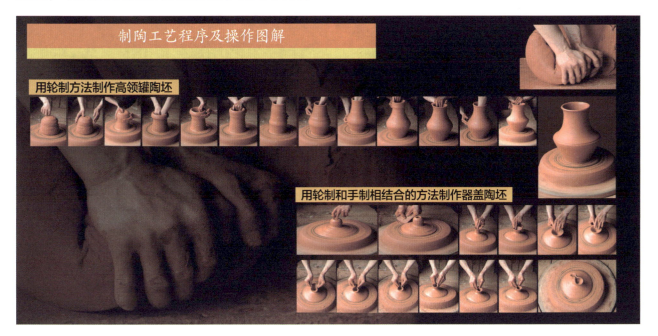

制陶工艺程序及操作图解

用轮制方法制作高领罐陶坯

用轮制和手制相结合的方法制作器盖陶坯

◯ 文物信息

筒瓦

长39，宽20，高9厘米
三星堆遗址月亮湾台地出土

板瓦

长31.6，宽21，高5.5厘米
三星堆遗址月亮湾台地出土

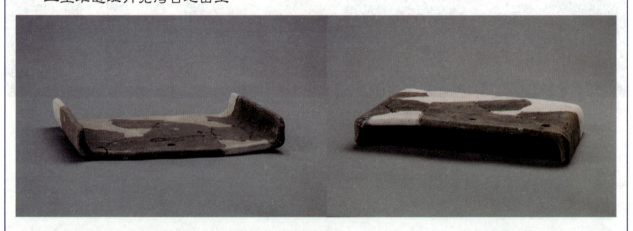

三星堆遗址月亮湾台地出土的这批形制硕大、做工考究的陶质建筑构件，距今已有约3700年的历史。不仅在中国建筑史上具有重要意义，也在一定程度上印证了学界关于遗址北部月亮湾台地一带或有宫殿建筑及可能是古蜀国宫殿区的推测。

● 文物信息

陶高柄豆

盘径18厘米，圈足径16.8厘米，柄径2.9厘米，高46.1厘米

心应手，在当时是一种基于实用而设计的巧妙的生活用具。

·造型美观的盛贮器——高领罐

三星堆遗址出土了众多的高领罐，最高的超过50厘米，口径约20厘米，敞口，高颈，颈部微束，其形就像古代安静端庄的仕女。高领罐可用于储酒、装水及盛物，而且容量很大，与高柄豆一样，是一种外观精巧美观的实用生活用具。

·古蜀人的"火锅"——陶三足炊器

陶三足炊器因有呈鼎立之势的三个袋状

·巧妙实用生活用具——陶高柄豆

陶高柄豆是整个遗址出土陶器之冠，数以千计。这种器物的用途是什么呢？高柄豆上面是盘状体，用于盛物，下部是喇叭形圈足，连接二者的是豆把。为减轻重量、节约材料而利于制作，豆把均制成中空。有的豆柄残长达70余厘米，加上顶部的盘和底部的座，估计原来有接近一米的高度。席地而坐的古蜀人，可将盛满食物的高柄豆提来拎去，随意放置，取用食物、使用起来都很得

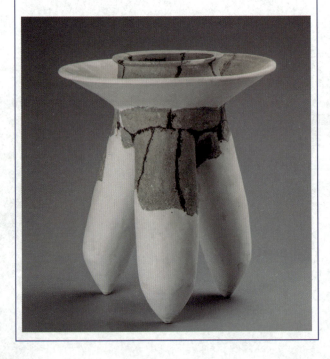

足而得名，三足成鼎立之势并与口部相通，足下可生火加热。袋状足中空，与口部相通，容水量很大，其宽大的盘面类似今天四川地区泡菜坛的坛沿，可盛水或置物。其独特的造型及硕大的形体极为罕见，一般认为这是古蜀人蒸煮食物的炊器，也有人开玩笑地说这是四川火锅的老祖先。我们将器物的造型、功能和它应用的年代联系在一起，便不难想象出当时古蜀先民做饭、生活的场景。

·别具匠心的杯口设计——双耳杯

双耳杯的制作非常考究精巧。双耳杯的口沿部分有两个缺口，仔细观察，缺口并非后期损坏造成，而是当初特意制作的"样式"。那么，这两个规则的缺口有何用途呢？专家们猜测可能是为了方便倒水或者是

文物信息

陶双耳杯

最宽18.2厘米，口径13.4厘米，足径4.6厘米，高10厘米

三星堆遗址出土

倒酒，但倒水等一般只需要一个缺口，因此还有种说法认为，这两个缺口是用于放置筷子的。不论如何，这个别出心裁的设计使得双耳杯颇富趣味，表现出古蜀陶工细致、独具创造力的一面。

二、人物与动植物造型

三星堆陶塑小品题材广泛，形式丰富，可大致分为人物造型与动植物造型两类。如捏塑的虎、羊、猪、狗、鸟等动物造型稚拙乖巧，天真可爱，颇堪把玩，而一些实用物品如器盖上的莲蓬、鸡冠花等植物造型则栩栩如生，甚具写生趣味。这些陶塑小品造型洗练，风格朴拙，以形写神，生动逼真，说明古蜀先民对猎获物和饲养家畜有十分细致的观察，并能将其提升到艺术创造领域，充分表达了先民们丰富多彩的生活情趣与传神写照的表现能力。

作为舀水、舀酒或舀汤的陶勺，在各地域古代文化中屡见不鲜，而唯有古蜀文化的陶勺

的勺把制作成造型各异的鸟头形。若将造型各异的众多鸟头勺把汇集而观，则有群鸟齐翔，自在遨游天宇之感，具有十分吉祥的韵味。它们那弯弯勾起的喙部，极似鱼凫，即现所称的鱼鹰，极有可能是古蜀史载的以鱼凫为族名、族徽的鱼凫王朝的象征。尤值一提的是，此期的鸟头形把勺数以千计，加之鸟头形象与鱼凫（鱼鹰）有密切关联，故其可能不仅仅是生活用品，而是具象征意义、与祭祀活动有关的一种器物。其作为当时陶

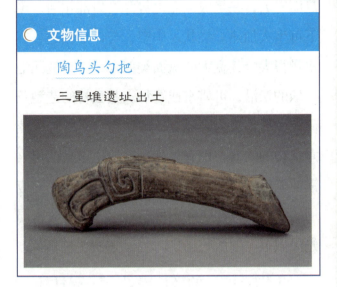

制品社会功能扩展的显例，也是三星堆文化时期文明进步的侧证。这种器物作为古蜀文化的典型器物，是一种具有象征意义的标志物，就全国范围来看，也可以说是独一无二的。

○ 延伸阅读

古蜀陶器

　　古蜀人用的陶器与中原陶器相比，体现出明显的古蜀地方特色。中原地区陶器的基本组合是鼎、鬲、甗等，而蜀地陶器的基本组合是高柄豆、小平底罐（包括尖底器）和和鸟头勺把等。专业人员正是依据这些陶器及其组合定式来确定与之相应的文化内涵及承传关系。自商前后迄于东周时期，四川地区几乎未出土过中原常见的"鼎"，即使偶有所见，也多属自外地辗转传入；而蜀地的鸟头勺把、高柄豆、小平底罐、尖底器等在其他地方也颇为罕见。但不同文化体系之间又存在相互的影响和渗透，最明显的表现是异地也会出现相同的器物，如三星堆铜器的许多器型就带有较为明显的中原文化色彩，而蜀地的器型在周邻地区也时有发现。这种情形印证了中国古代各区域文化既各具特色，又相互联系和影响。

　　三星堆陶器和各地出土的陶器一样，分为轮制和手制两种。在三星堆博物馆展示了部分各型器物的盖纽，它们大多是轮制和手制结合而成的，即盖的部分用轮制，纽的部分用手捏塑。其造型各异，多取材于生活，并加入了制作者丰富的想象力和高超的工艺水平，见证了古蜀先民的创造力和智慧。莲蓬状盖纽，与实物相比显得惟妙惟肖，颇富生命力。圆锥形盖纽，则与后世阿拉伯地区清真寺的屋顶相似。鸡冠形盖纽，造型美观大方，模仿逼真，极具欣赏价值。

莲蓬状盖纽

圆锥形盖纽

鸡冠形盖纽

文物信息

陶猪

三星堆遗址出土

　　陶猪造型手段删繁就简，敛缩头部与足而夸张其体态，使之通体浑鼓，显得非常大气。笨拙的猪被塑造成聪明的宠物，憨态可掬、十分可爱。

文物信息

陶双面猫头鹰

三星堆遗址出土

　　陶双面猫头鹰头，合身连体，前后观之均为猫头鹰头，令人难分正反。似乎表现的是夜晚猫头鹰的警敏与周视四方的情态，制作者的非凡创意在此体现得淋漓致尽。

文物信息

陶虎

三星堆遗址出土

　　陶塑老虎抓住虎的典型性特征，取其神与势，大胆省略夸张，造型简练生动，既不失老虎的神气，又因其体量的小而显得乖巧可爱。这种高妙的造型技巧，显然来自于体察入微的实际观察。

　　三星堆遗址出土的陶蟾蜍、红陶鸟、凤鸟头等，虽然都是小巧玲珑的作品，却遗貌取神，抓住表现对象的典型性特征而作强化、夸张，删繁就简，气韵独具，均堪称佳作，让人不得不叹服古蜀匠师灵动的匠心和手上功夫。

陶蟾蜍

红陶鸟

陶虎面残片

陶羊

陶狗

凤鸟头照

第四节　镂石攻玉
——三星堆玉石器加工

　　三星堆的玉石器群与青铜器群交相辉映，共同构成了三星堆文明及其文化艺术的最高成就。遗址包括两坑出土的玉石器数量众多，尤以璋、戈为大宗且最具地方特色和时代特征。其显著的特点是种类宏富、造型精美、形体硕大，多属全国范围内独一无二的器型。

　　自新石器时代晚期以来，玉石器制作已渐趋成熟，至商代晚期臻于纯熟境地，此一时期以河南安阳殷墟妇好墓出土的玉石器最为著名，而三星堆独具特色的玉石器群足堪与之媲美。

一、石器

　　三星堆文化时期的石器加工技术在接续早期（三星堆遗址一期文化）技术文脉的同时，又在钻孔工艺等方面臻于更趋精到的境地，并发展出石雕技术，反映出石器制作社会功能的进一步拓展。

　　三星堆遗址所出石璧数量多、体量大，还有许多石璧出土时是按从大到小的序列依次叠垒的。其石器制作技术新成就也主要体现在对石璧施用的钻孔工艺上。三星堆许多石璧孔芯内留有管钻痕迹，一些小石璧以及石纺轮通常是利用石璧钻下的孔芯再钻孔加

石璧

工而成。钻孔方法主要有桯钻和管钻两种，单面钻或双面对钻而成。如1987年真武仓包包出土的二组石璧，其中一组有11件，直径从20.3～7.1厘米不等，从大到小，呈依次递减变化，各件间相差1厘米左右，发掘者称之为"列璧"。这组石璧孔径较大，孔宽超过环面宽，且器中部较厚，周缘较薄，周边不甚规整。孔多由单面管钻完成。B型石璧共计10件，形体较小，仍从大到小递减，厚薄不均，是利用A型石璧芯再次管钻而成。有的石璧芯能与A型石璧套合，器形直径两面不等，外缘呈现管钻的螺旋纹，表明在制作时曾利用大石璧的内芯继续加工成小石璧。石璧芯的再次加工，说明三星堆时期的工匠们已能高效率、灵活地使用材料，另一方面也表明当时石料的来源仍极其有限，工匠对于手中的材料十分珍惜，在制作中务必充分利用余料进行加工这一事实。

三星堆文化时期石器制作技术领域的另一重要进展，是石雕工艺的出现。出土的圆雕属长江上游成都平原目前最早的石雕作品，具有本地石雕技术与艺术的发轫意义。

三星堆圆雕含人物与动物两大类，前者为三星堆附近西泉坎发现的两件石像，后者包括遗址中发现的石蛇形器、石蟾蜍及月亮湾遗址出土的石虎等。这些石雕作品出土时均各有不同程度的残损，石质风化较甚，雕琢技法稚拙古朴，人物和动物的体态、身躯、肌肉细节、凹凸等都较粗略，身躯也未做打磨抛光的细处理。石雕跪坐人像石质较差，其头部已损坏，躯干、四肢等细节交待模糊，唯据其躯干轮廓尚可窥其造型大意。动物造像如石虎，其头大躯短腿细，全身比例不协调，虎口、虎牙未见打磨与修整痕迹。而石蛇形器选料不仅较粗糙，且蛇头部分仅凿为三角形示意，蛇身椭圆形孔不规整，孔底部边缘也未打磨修整。此期石刻圆雕作品制作手法简单化和雕塑技法的质朴特点于此可见一斑。虽然从技术史角度看，不论是其选材，还是技术施用，都反映出此时

石雕跪坐人像

期的石雕技术可能尚处于雏形阶段，但从风格上说，其朴拙的造型意趣可从"时代气象"的意义上解释为当时民间审美观的自然流露。

石蟾蜍

石蛇

石虎

二、玉器

玉文化是中华民族的一种特殊的文化心理，源远流长，根深蒂固，已成中国之魂、民族之魂。"玉"字最早见于我国最古老的商代甲骨文中，汉字中有近500个字从"玉"字旁，而用玉组成的词组更是不计其数，几乎汉字中的珍宝以及人的嘉德懿行等都与"玉"字有关。可以说，"玉"是一切美好的人或事物的代名词。

什么叫"玉"呢？古人和今人对玉的理解在概念上并不相同。东汉许慎《说文解字》解释"玉"说："玉，石之美者。"也就是说，凡是漂亮美观的石头在古人眼里都是玉。当时，人们常把质地比一般石材更细腻坚硬，色彩绚丽斑斓，近似玉质的彩石视为宝物，因此古人对玉的笼统概念是"石之美者"。先秦时期，由于生产技术水平较低，加工这些玉石料并不容易，故而加工成型的彩石更加珍贵。

现在，我们通常把玉按照质地分成软玉和硬玉，按地区分成和田玉、蓝田玉、岫玉，独山玉，或者按岩石种类分成透闪石、角闪石、蛇纹石、阳起石、辉石，等等。从地质学和矿物学角度看，三星堆出土的玉石器岩石种类较多，岩性复杂，有热变质岩、熔结凝灰岩、含长细砂岩、水云母粘土岩、角闪斜长斑岩等，还有软玉、汉白玉、岫玉、透灰石玉等。

三星堆玉器由于受到火烧，表皮色泽斑杂，多呈现大量沁蚀现象，内部色泽则多以灰白色为主。根据玉器的质地，一些学者认为，三星堆大部分玉石材料的来源是成都附近的龙门山脉南段，即茂县——汶川——灌县一带，另有一些玉料是从外地传入的。有的学者提出，可能是来源于岷江上游的龙溪玉或珉玉。还有一些学者根据1974年月亮湾梭了田发现的一坑卵石状玉料，从磨痕看有的可能是"和田玉"，也有些玉器的构造特征与江苏溧阳小梅岭玉矿相似，或许其中有由长江下游输入的玉料。三星堆个别玉器体现出与其他区域玉料的一些相似性，目前尚还缺乏相关矿物学数据资料的支撑。三星堆玉器中，即使有个别与本地区玉质不同的玉器，最大的可能就是这些玉器本身是由外地直接输入的结果。但可以确认的是，三星堆大量玉器应该都是就地取材加工而成的作品，因此具有强烈的地域性色彩。

延伸阅读

玉垒山产玉

《续汉书·郡国志》刘昭注引《华阳国志》："有玉垒山，出璧玉，湔水所出。"

三星堆玉器种类以几何形玉器为主，主要有璋、戈、璧、琮、刀、矛、凿、锛、斧、铲、斤、匕、戚形佩、坠饰、环、串珠、管等，缺少像生形玉雕作品。

三星堆玉石器的硬度很大，在开料方面利用了砣切、片（锯）切割技术，有时也采用线切割，但以前者居多；钻孔有实心钻（桯钻）和空心钻（管钻）两种，由单面钻空或双面对钻完成，刻纹多利用旋转的圆盘状工具或尖锐的石英工具手工雕琢，镂空则将打孔与线切割技术结合，玉器的后期打磨、抛光是利用磨石或其他材质物品（如兽皮等）反复碾磨完成，多种技术手段已运用得相当熟练。装饰技法上流行在璋、戈等器物阑部外侧雕琢出繁复的齿牙饰，主要装饰纹样有平行直线纹、网格纹、菱格纹、云雷纹、回字纹、人物纹人物、山形、船形、璋形、弯钩形（象牙）、手形等，多以细线阴刻技法加工完成。

● **延伸阅读**

线切割、片（锯）切割与砣切

　　所谓线切割，即是用动物的筋条或兽皮条等编织成的绳子粘上解玉沙加水反复拉动，以此将玉料剖开，用此方法剖玉，注注会在玉器表面留下近似同心抛物线形的痕迹。

　　片切的方法，即用高硬度的石片切割玉，操作时可能是把薄而直的木质或竹制板条上镶嵌石英石等高硬度的石锯，加水反复切割，用这种方法制作的玉器，会在器物上留下水平切割的痕迹。

　　砣切法的砣，古代称沙碾，又称轮锯或转盘刀，是一种圆盘形的加工工具，利用简单机械旋转运动的方法，达到切割玉料的目的。

石料

玉料

玉璋残件

在远古时期，美丽、漂亮而又洁净的玉材是非常珍贵和稀有之物，玉工在加工玉器之初预先其实并无计划与方案，而是根据手中玉料的具体情况来确定具体的造型，多是依料施工。

三星堆玉器成型过程复杂，大致运用了锯、凿、挖、琢、钻、磨、雕刻及抛光等一系列工艺。

（一）切割

玉石的切割是玉器加工的一道重要工序，也是玉工对玉璞进行加工的重要步骤，只有把玉料切割成各种不同的形态才能进一步加工玉器。切割主要是用片状或长条状的工具、软性的线状工具、圆盘砣具等。

在三星堆博物馆玉石器展厅中，展出有鸭子河出土的形体巨大的4块玉石原料。三星堆出土的玉石器中，或许有些就是取材于这种原料。鸭子河（雁江）的源头在龙门山，有观点认为古蜀人很可能是从龙门山上采下的这些玉石原料，然后通过水路河流运输到遗址北面的鸭子河附近进行加工，三星堆古蜀国的玉石器加工的作坊可能就分布在今鸭子河河道附近。

这几块体量硕大的玉石原料之所以弥足珍贵，在于它们上面留下了明显而清晰的切割痕迹。这几块玉石原料料身，有的已经被切割成了平面状，既有大片卸下的，也有小片锯取的，而明晰深稳的线状切割痕迹更人引人注目。

延伸阅读

从1929年首次发现玉石器至今，三星堆玉石器的出土量已逾千件。从类别上和功能上，大致可分为礼器、仪仗、装饰、人物与动物造型及其他杂器。其中，以礼器、仪仗和属于祭祀用品的工具居多，尤以璋、戈为大宗，且最具地方特色和时代特征。总的来说，蜀国玉器的显著特点是种类宏富、造型精美、形体硕大，多有全国范围内独一无二的器型。

鸭子河出土的三块大玉石

（二）打磨

打磨是玉器加工中一道重要的工序，通常包括刃部的打磨、器表的打磨、孔壁的打磨等内容。当玉器被切割或钻孔后，玉工一般要相应选用形状不一、大小不同的砺石把玉器上的锯痕、砣痕及钻孔痕迹打磨掉，打磨时仍要加上颗粒均匀的砂粒，循序渐进。将石料打制或切割成粗坯后，再放到大的砥石上面加沙蘸水研磨，使其光滑平整。

玉磨石照

就打磨这道工序而言，是采用什么工具呢？《诗经·小雅·鹤鸣》有云："他山之石，可以攻玉。"说明有些石头可以作为治玉的工具，如石英石、金刚石、水晶石、玛瑙石、黑曜石等，它们的硬度都超过玉石，当然可以用来"攻玉"。三星堆遗址内出土有大量玉磨石，应当就是用于打磨玉石器的工具之一。《诗经·卫风·淇奥》说"如切如磋，如琢如磨"，《礼记·学记》也有"玉不琢不成器"一语，据此可以略窥古人制作玉石器的大致工艺技术。

（三）钻孔

中国古代玉器的钻孔技术早在距今8000年前的辽宁兴隆洼文化时期就已具备。早期的钻孔多为桯钻（即实心钻），之后出现了管钻。管钻主要是用木、竹、骨、石等管状形工具加砂蘸水不断在玉料上旋转碾磨而成。金沙玉器的钻孔技术已非常发达，常根据器物的厚薄和大小来采用不同的方法完成钻孔。较薄的器物或小型的穿孔多用实心钻，单面钻孔完成。较厚的器物或大型的穿孔基本上采用空心管钻，多双面对钻，也有单面钻完成。由于依靠粗砂碾磨，两面对钻

玉璧

的孔常在孔壁留有螺旋状痕迹。有些器物内壁还有错位的台痕，这是由于管钻时圆心定位的偏差而造成的。但三星堆大多数有孔的玉器都对孔壁做了打磨处理，使其光滑圆润。

● **延伸阅读**

古代主要制玉工具

砣机：古人制作玉器的简单设备。系用圆转钢刀安上轮子，以绳牵引，脚蹬使之旋转以开玉石。因开玉石须用解玉砂加水，故称"水凳"。

砣具：一种圆盘形的工具，盘的后面有一根圆杆与砣机的旋转轴相连。砣具根据大小和厚薄的不同，分为大砣、细砣、宽砣、斜砣、平砣等种类，可以用于切割、琢纹、打磨、镂空等，是制玉最主要的工具。

解玉砂：古代琢制玉器所用矿砂，是古代切割研磨玉石、制作玉器必不可少的工具。解玉砂系由采集来的天然刚玉砂和石榴石砂，经捣制研浆而成。解玉砂有粗细之分，粗颗

粒用以切割，小颗粒用于雕琢研磨。史前琢玉也用石英砂。

管具：圆管状的工具，主要用于钻孔和圆形器物的制作，使用时有单向管钻和双向对钻两种方式。

桯具：是一种实心的锥状工具，主要用于制作系带孔及器内镂空的第一道工序，有单向桯钻及斜向对钻两种方式。

（四）刻纹

三星堆玉器装饰纹样以平行直线纹最为常见，此外还有同心圆圈纹、网格纹、菱形纹、三角形纹、交叉纹、多重弧线纹、兽面纹、人形纹等。刻纹技法主要有：（1）阴线刻划，就是直接在玉器表面琢纹，刻出的纹饰线条下凹于器物平面，刻划线条的工具可能是砣具、尖锐的石英、燧石或水晶等其他物质。三星堆遗址出土的大量玉器纹饰都是以砣具来进行阴线刻划的，特别是在玉璋、玉戈的阑部多见，大多采用单线条的平行直线纹组成装饰，玉璧和玉瑗上则流行刻划多组同心圆圈纹。（2）阳线刻划，又称"减地起线"，即利用浅浮雕的技法，在玉器的表面磨出凸起的纹饰。具体方法是把阳线以外的地子磨减下去，这样使阳线自然的凸起。

三星堆玉器纹饰刻划婉转流畅，这种工艺技术在同时期其他区域玉器中几乎不见，从一个侧面显示出三星堆玉工们此时已具有极高的治玉工艺水平。

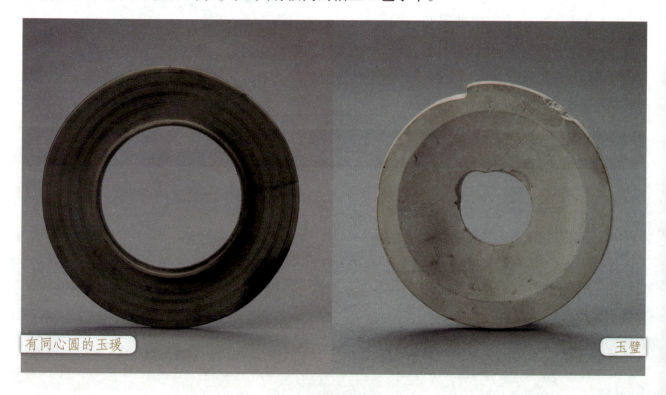

有同心圆的玉瑗

玉璧

鱼形璋

长38.3厘米，宽8.1厘米，厚0.82厘米
三星堆遗址一号祭祀坑出土

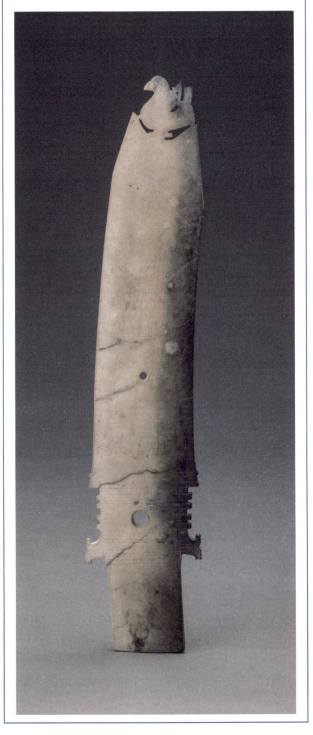

（五）镂空

镂空技法早在辽宁红山文化及浙江良渚文化中就已出现，那时是用坚质石片形带刃工具在器表以手工推拉碾磨，使玉料磨透面出现孔洞，还有就是先用锥钻在需镂空处钻上许多小孔，再用动物的干筋或植物荆条穿过各个小孔，以弓弦原理拉动，把多余的玉料去掉而完成的。商周以后的玉器制法是把钻孔技术与线切割紧密结合起来，利用镂空装饰，使玉器造型更丰富，立体感和动感更强。此时的镂空方法多是利用弓弦原理，先打小孔，再以线为弦配合解玉砂来回拉锯形成镂雕。三星堆玉器中也可见到这种镂空的技术，只是三星堆玉器往往还要在镂空后对孔眼和拉丝处进行较为细致的打磨与修整。

（六）抛光

抛光是玉器加工的最后一道工序。一般是以兽皮、木片或竹片等在玉器的表面不断摩擦，直至达到光洁细腻的效果。

三星堆遗址里出土了许多石材和石坯，它们都属于原材料，一些石料上也有明显的切割痕迹，还有一些半成品上面有清楚的管钻痕迹。从这批成品和半成品上的留下的相应工序的制作痕迹，以及成品上的精良的刻纹、精美的纹饰、精到的器形等，可以得知，三星堆玉器的抛光技术已相当发达，大多数的玉器在加工完后都经过了抛光处理。因此，即便是经过了火烧，侵蚀现象也较严

重，但至今大量玉器仍见光泽莹润，许多器物的刃部更是被打磨得十分尖薄锋利。

除上面介绍的，根据所制器物的功能或装饰需要，还有琢、刻等系列工艺，最后定型成器。

新月形石盒

古蜀文化中目前发现的大量玉器从工艺技术传统上看与同时期其他文化玉器的加工技术基本一致，体现出与其他文化间存在着联系与交流，器物的造型与装饰明显受到中原地区玉器风格的强烈影响，也有部分玉器还保留着一些长江中下游早期文化的因素。但古蜀玉器整体上又具有鲜明的地方特色。无论是玉材的选择、玉器的形制，还是玉器的组合、用玉的规模等都明显区别于其他地区。

古蜀玉器多为就地取材而成，部分玉器虽然可能来自域外，但在形制上又进行了改进与变化，融入较多本地区特色，如V字形璋、璋形戈、兽面纹钺等。大量的精美玉石器，彰显出古蜀玉工高超精湛的制玉工艺，彰显出他们的勤劳和智慧。同时也说明，当时在三星堆古蜀国已经具有相当规模的玉石加工作坊，人数众多、手艺高超的制玉工匠，以及相应的较为完善、系统的管理协调组织。可以说，三星堆时期的玉石器加工已走向成熟。

总的来看，三星堆玉器在中原外来文化的影响下，开创了成都平原古蜀文化玉器制作的先河，并为随之而来的金沙玉器的高度发展奠定了坚实的基础。金沙玉器又秉承三星堆玉器的优良传统，并在此基础上不断融合、创新、发展，从而将古蜀玉器推向又一个高峰。古蜀玉器以巨大的数量、精工的制作、独特的个性，在中国源远流长的玉文化谱系中占有一席重要的位置。

第五节　烈火熔金
——三星堆冶炼

三星堆青铜器的合金构成可分五种：红铜、锡青铜、铅青铜、锡铅青铜和铅锡青铜，其中以铅锡青铜这种三元合金构成的青铜器数量最大。青铜器系使用范铸法浇铸成型，采用了分铸、浑铸和嵌铸法等，又大量运用了铸接这种联结组合技术，配以套铸、铆铸、嵌铸等各种复杂繁难的工艺。

金器则大多属金银二元合金，含金量一般达到85％以上，经过了砂金淘洗、冶炼、碾压、捶打、图案模印等工艺流程。青铜人头像内有泥芯（内范），遗址亦有类似坩埚的陶器出土，表明当地已拥有大型铸铜作坊。

三星堆伟大的青铜器群，以其繁复的工艺、独特的造型和宏大的形体，反映了商代中国科技发展的最高水平。

三星堆遗址及两坑出土器物不仅数量巨大，种类丰富，文化面貌复杂、新颖、神秘，而且造型奇特，规格极高，制作精美绝伦，充分反映了其高度发达的青铜铸造技术、黄金冶炼加工技术，以及独特的审美意识和宗教信仰。

一、青铜器

青铜，是指红铜和其他化学元素的合金，如铜与锡的合金叫锡青铜，铜与铅的合金为铅青铜，其他还有铅锡青铜、镍青铜、磷青铜等，因其铜锈呈青绿色故而得名。中国商周时代的青铜古称金或吉金，其合金成分是锡青铜和铅锡青铜。

三星堆的青铜器以铅锡青铜这种三元合金构成的最多。通过合金成分金相分析，我们发现，三星堆青铜器大部分含铅量较高，青铜器含铅量高有助于浇铸时增加铜的流动性，使器物的制作更加精致。中国目前发现的最早的青铜器是距今4000年夏代的文物,中国青铜时代最光辉灿烂的时期则是商周时期,尤其是商代后期的各类青铜器最为壮观、最有气势、最具魅力,而三星堆青铜器正是这一时期中国西南青铜文化的杰出代表。

迄今为止,三星堆遗址尚未发现青铜的冶炼作坊,只是发现有零星的青铜残块、炼铜渣以及一块类似熔化铜液所用的坩埚的夹砂粗陶片。

青铜的冶铸,是采矿、运输、冶炼、配料、制范、浇铸等多种技术的结合,是生产力发展的一个重要的标志。从三星堆出土的青铜器来看,当时的工匠不仅能铸造器形、纹饰都很复杂的容器,还能铸造活泼写意的动物、植物及神秘威严、恢弘大气的人物造型,可见当时的青铜冶铸已非初创,而是达到了相当高的水平。

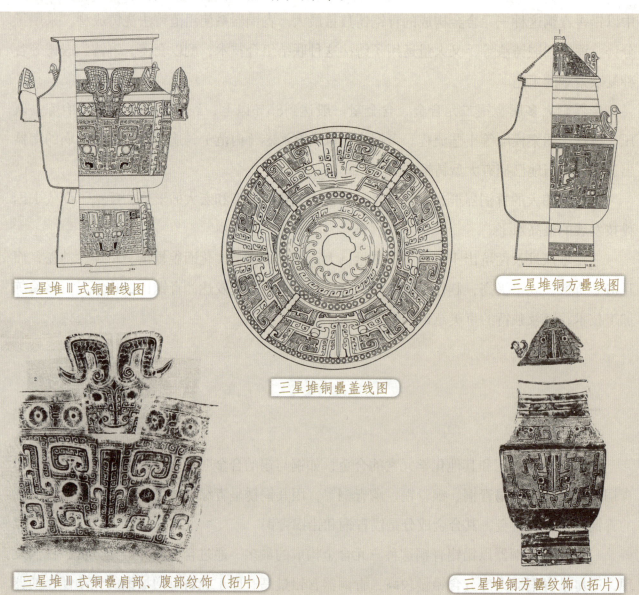

三星堆Ⅲ式铜罍线图

三星堆铜方罍线图

三星堆铜罍盖线图

三星堆Ⅲ式铜罍肩部、腹部纹饰(拓片)

三星堆铜方罍纹饰(拓片)

三星堆的青铜器铸造具有以下特点：

1. 独具特色的青铜配方

三星堆的青铜合金组成，主要有五个类型：红铜、锡青铜、铅青铜、锡铅青铜、铅锡青铜，其中以铅锡青铜这种三元合金构成的青铜器最多。青铜加锡或加铅，其意义不仅在于降低熔点，更重要的加锡可以提高青铜的硬度，增加光泽度。铅不能熔解于铜内，只能在铜液中均匀地分布作滴状浮悬，因而加铅于铜，可以使铜液在灌铸时流畅性能好。三星堆的青铜器中还含有微量元素磷，亦可增加青铜的流动性，提高其强度、硬度和弹性。在其他地区出土的商代青铜器中，都没有发现含有磷元素，这不仅说明古蜀国青铜合金术富于特色，而且说明古蜀人在掌握青铜合金的脱氧技术方面，达到了当时的先进水平。

2. 炉火纯青的浇铸工艺

三星堆的青铜器采用了商周时代应用最广的范铸法，主要使用了以砂和泥土为主要原料的陶范。根据铸造所留下的铸痕，其铸造工艺大致分为两类。一类是浑铸法，即一次浇注成完整器形的方法，也叫整体浇铸或者多范合铸。另一类是分铸法，是在浑铸法基础上发展起来的，主要用于铸造器型复杂或较大的器物。分铸法分为先铸法和后铸法。先铸法是先铸器物的附件，然后把附件放在铸器器身的范中，和器身铸接为一体。

> ### 延伸阅读
>
> #### 失蜡法
>
> 失蜡法也叫"熔模法"，是一种青铜等金属器物的精密铸造方法。它是用蜂蜡做成铸件的模型，再用别的耐火材料填充泥芯和敷成外范。加热烘烤后，蜡模全部熔化流失，使整个铸件模型变成空壳。再注内浇灌熔液，便铸成器物。失蜡法在我国有悠久的历史，湖北随县曾侯乙墓出土的青铜尊、盘是我国目前所知最早的失蜡铸件，时代是在公元前5世纪。

后铸法是先铸器身，再在上面造范，浇铸附件而成整器。三星堆的青铜器造型结构复杂，还大量采用了铸接这种联结技术，并配以套铸、铆铸、嵌铸等技艺。除去稍后时代产生的失蜡法，青铜铸造工艺的全套技术在三星堆青铜器中都有体现。

这里，以三星堆出土的青铜人头像为例，介绍一下古代青铜器的浇铸流程。

第一步，制模。先用陶土做成人头模型。陶土的粘土含量较多，混以烧土粉、炭末、草料或者其他有机物，并掌握好调配泥料时的含水量，使其有较低的收缩率与适宜的透气性，如此在塑成后可避免因干燥、焙烧而发生龟裂的现象。陶模的表面必须细腻、坚实，以便在上面雕刻纹饰。塑成泥人头像后，让它在室温中逐渐干燥，在待其干至适当硬度时，再进行纹饰雕刻。凹陷部分直接从泥模上刻出，凸起部分则另外制好后贴在泥模表面。泥模制成后，须入窑焙烧成陶模，然后进行下一步翻范。

　　第二步，制范。 制范也要选用和制备适当泥料，其主要成分是泥土和砂。一般而言，范的粘土含量多些，锌则含砂量多些，颗粒较粗。且在二者之中还拌有植物质，如草木屑，用以减少收缩，利于透气性。范的泥土备制须极细致，经晾晒、破碎、分筛、混匀等工序后，再加入适当的水分，将之和成软硬适度的泥土，又经过反复摔打、揉搓以及较长时间的浸润，使之定性。这样做好的泥料在翻范时才能得心应手。用调和均匀的细质泥料紧紧按贴在泥模表面，拍打后使泥模的外形和纹饰反印在泥片上，中间可加些细沙隔离以防止模型和外范粘在一起。

　　第三步，合范。 将翻好的泥片划成数块，取下后烧成陶质，这样的范坚硬不易变形，称为陶范。将陶范拼合形成人头像的外腔，称为外范。外范制成后，将翻范用的泥模均匀削去一薄层，制成人头像的内表面，称为内范，内范的制作可选用一根划有刻度的竹片之类的工具在上面均匀地划上些小方块，然后将这些厚度一致的小方块削去，即可将人头像的厚度控制好。将内外范合成一体，内、外范之间削出的空隙即为铜液留存的地方，两者的间距就是青铜器的厚度。

　　第四步，浇注，即将铜液注入陶范。待铜液凝固后，将内、外陶范打碎，取出所铸的青铜人头像。传统的范铸法只能铸造一件青铜器，因此不可能存在两件一模一样的青铜器。

　　第五步，打磨和整修。 刚铸好的青铜人头像，表面粗糙，线条也不清晰。经过打磨整修，一件精致的青铜人头像就诞生了。

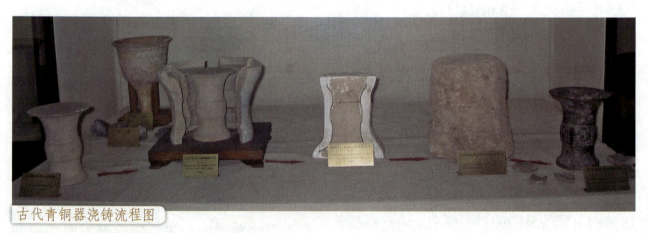

古代青铜器浇铸流程图

三星堆出土的青铜器群颇为壮观宏伟，其中也不乏玲珑韵致的的佳作。下面，我们来欣赏一些小体量的精美青铜饰件。

1. 铜挂饰

三星堆青铜挂饰类器物包括铜铃、圆形、龟背形、扇贝形及箕形挂饰五种，均

文物信息

铜铃

通宽8.1厘米，高14厘米

三星堆二号祭祀坑出土

F型铜铃。造型像一只蹲伏的鸟，尖尖的勾喙，圆圆的大眼，身有羽翼，中间活动的铃舌做成獠牙状。鸟额上铸有圆拱型钮，钮上套"8"字形链环，系作悬挂之用。可以设想，当铜铃因风发响或被敲击发出叮当之声时，铃声与铃型相配，给人以如闻鸟儿鸣唱的感受。这件铜铃可谓颇富巧思、生动有趣的艺术品。

文物信息

铜铃

高7.35厘米

三星堆二号祭祀坑出土

C型铜铃。铜铃正面呈梯形，横断面呈长椭圆形，两侧铸宽而薄的翼，顶上的半圆形钮系作悬挂之用。铃两面均饰兽面纹，内以朱砂填涂，体积虽小，却不乏凌厉严威之感。与形制相近的素面铃相比较，这种特别加饰兽面的铜铃除体现出对装饰性美感的着意追求以外，会不会存在等级意义呢？是否还涉及使用者的权限问题？这还有待进一步的研究。

出土于二号祭祀坑。铜铃共有43件，分九种类型，其造型既有几何形的，也有仿拟动植物形态的，颇富情趣。此外，铜圆形

挂饰30件、龟背形挂饰32件、扇贝形挂饰48件、箕形2件，虽属同类器物，但形式变化丰富，足见匠心。

⬤ **文物信息**

铜铃

口径6.8厘米，通高12.2厘米

三星堆二号祭祀坑出土

　　H型铜铃。铜铃造型宛如一朵盛开的喇叭花，铃顶部为花托，桶上部表现的是花之子房，其上环饰以波曲形纹；下部四花瓣上又满饰联珠纹，柱状铃舌下端则巧作为花蕊形。整器造型优美，装饰花纹的布列形式体现出明显的秩序意识。在古蜀人的眼里，这一构型仿拟自然植物的铜铃，当不只具视觉审美价值，而应如三星堆铜神树上的"天花地果"一样，还带上了神异的色彩，昭示着超越世俗的神圣价值。

⬤ **文物信息**

带挂架铜铃

高8.3厘米

三星堆二号祭祀坑出土

　　Da型铜铃。铜铃素面无纹饰，其正面呈梯形，两腰微弧，两侧饰翼。铃顶部设有悬挂铃舌的扁孔，但铃舌今已无存。铃顶挂钮与挂架由一"8"字形链环相套接，从挂架所铸的数个链环扣看，很可能原是数条"8"字形链环共穿套于挂钮，总体呈倒锥形连接挂架与铜铃。这一带挂架铜铃原本秀雅美观的形式构成，可以想见。

文物信息

扇贝形铜挂饰

宽6.9厘米，高9.2厘米

三星堆二号祭祀坑出土

G型扇贝形铜挂饰。挂饰平面略呈椭圆形，背部五道圆弧形脊棱的布列形式呈昆虫羽翅状，其上满饰三角目云纹。参考两侧带翼的F型扇贝形素面铜挂饰与两侧出尖角、后部带羽尾的C型扇贝形素面铜挂饰，有理由相信，这件挂饰的构型与脊棱处理手法，很可能确实是从某种昆虫的外部形态上得到了启发，甚或就是以这种抽象形式表现了某种昆虫。

文物信息

圆形铜挂饰

直径8厘米

三星堆二号祭祀坑出土

铜挂饰形制为圆形，其周缘平整，中间隆起部分饰九芒太阳纹，九芒等距分布，方向一致，总体呈右旋态势。在这种形制的三星堆铜挂饰中，素面者多，施纹者少，而运用太阳纹装饰的仅此一例，似具有某种特殊性。可以说，古蜀先民对太阳的崇奉之情在这件小小的器物上也同样得到了体现。

从出土情况得知，这一大批铜铃、挂饰是和铜挂架组合在一起使用的。其组合形式为：挂架中央悬挂铜铃，附配的挂饰则悬挂在挂架架圈的挂钮上。每个挂架上悬挂相同形制的挂饰。有学者推测，这些配置成套的铜挂架、铜铃及挂饰可能多是青铜神树上悬挂的装饰物。也有人认为，铜铃可能是乐器，因为这当中保存较完好的18件可以测出音高，不少器物的音色清脆悦耳。静静欣赏这些工艺精湛、造型美观的铜挂饰，不能不佩服古蜀工匠非凡的想象力和创造力。

2. 铜牌饰

三星堆青铜牌饰共发现4件，其中一件出土于三星堆遗址以西的高骈乡机砖厂，其余三件均出土于三星堆遗址中心区的真武仓包包祭祀坑。牌饰体薄小巧，形制基本为上宽下窄的长方形，牌面多饰花纹，其中两件并镶嵌有绿松石。

铜牌饰没有生产和生活方面的具体功能，显然不是实用器。它是一种精致珍贵的兽面神像，是一种承载神圣的信仰，具有礼仪或宗教性质的专用装饰品。它运用了代表当时最高工艺水平的青铜器铸造和绿松石银嵌技术，以刚刚成熟的威严的兽面纹（饕餮纹）作为主题图案，被绑扎悬挂在胸前衣襟处的显要位置上。它可能是一种神灵的标志，一个崇拜的对象。它被作为护身的宝物，放置在人体胸前最显著的位置，用以表述某种特殊的信仰和崇拜观念。

铜牌饰是一种流行时间短、地域性强、文化特征明显的标型器物，在中国青铜器发展史和早期文明史上都具有特殊价值。

河南偃师二里头遗址中曾出一种兽面纹（饕餮纹）铜牌饰，是二里头文化中最重要、最典型的铜器之一，并被视为青铜器上兽面纹起源发展过程中的一个关键环节，是中国早期青铜礼器的突出代表。三星堆铜牌

文物信息

铜牌饰

长14厘米，宽4.9～5.6厘米，厚0.2厘米
三星堆遗址出土

A型。铜牌形制为呈圆角的长方形。牌面形式处理为镂空花纹图像，牌面中心为一主干，两侧有5对10个"S"形的镂孔，空隙处饰20个三角形镂孔和4个弯月形镂孔。一般认为，该铜牌的图像是一种具有象征意义的兽面纹。

文物信息

铜牌饰

长13.8厘米，宽5.2～5.6厘米，厚0.1厘米

三星堆遗址出土

　　B型。铜牌形制呈盾牌状。其两侧有对称的两对半圆形穿纽，应是作系挂之用。牌面装饰图像为几何形树，中为树主干，枝杈斜出，枝杈间成对相连的圆圈纹可能表现的是果子，枝干上的勾云形纹饰或许表现的是叶芽。图案空隙中镶嵌绿松石碎片，精巧美观。铜牌正面与背面分别留有线织物印痕和竹编印纹痕迹，估计它是捆系在某种织物上的饰件。

文物信息

铜牌饰

长13.8厘米，宽5.2厘米～5.8厘米

三星堆遗址出土

　　C型。器身呈长方梯形，牌上、下端有两穿孔。器表残留有朱砂涂饰过的痕迹，应为着彩铜牌。与前面两件铜牌相比较，这件牌饰的形制与铸造技术，显得较为古拙粗放，在制作年代上可能相对较早。但也有学者认为，该牌饰是兽面纹铜牌的一种简约形式，可能是后期铜牌饰发生蜕化的一种表现。

　　饰出现的时代，大约在二里头文化晚期到二里岗下层文化阶段，即使用时间不会晚于商代前期。由于这是一种存在时间短、地域性强、特征明显的标型器物，因此它不仅将三星堆青铜器的起源追溯到了夏末商初，且为研究三星堆文化与二里头文化之间、夏与蜀两大民族集团之间的历史关系等，提供了重要的实物佐证。正如著名历史学家李学勤先生所说："广汉一带的古文化与中原的二里头文化的联系，有不少线索可寻。嵌绿松石牌饰是一种非常特异的器物，在相隔遥远的两地出现，极其值得注意。"

二里头文化　镶嵌兽面纹铜牌饰
（1981 年河南偃师二里头出土）

二里头文化　镶嵌兽面纹铜牌饰
（1981 年河南偃师二里头出土）

　　关于夏与巴蜀的关系，古籍传说中的相关记载主要有三个方面：一是黄帝之子昌意降居若水，娶蜀山氏之女，生高阳，是为帝喾（应为颛顼），将其嫡子以外的旁支封于蜀的故事。二是禹生川西石纽，禹娶涂山氏于江州（重庆）的故事。三是夏启之臣孟涂"司讼于巴，人请讼于孟涂之所"，以及夏桀娶岷山琬与琰二女、成汤放桀于"南巢"的故事等。这些记载在一定程度上折射出两地文化很早就存在着某种联系。

　　三星堆文化和三星堆古城以及宝墩文化史前城址群中，有不少文化因素与中原地区的龙山文化、二里头文化、二里岗文化有相似之处，证明夏商时期乃至更早阶段的蜀与中原就曾有历史关系之说，并非虚传。三星堆与二里头两地铜牌饰的发现，又为蜀与夏文化关系的研究提供了重要证据。

　　关于三星堆与二里头文化关系的认识，主要有传播论和影响论两种看法。有的学者认

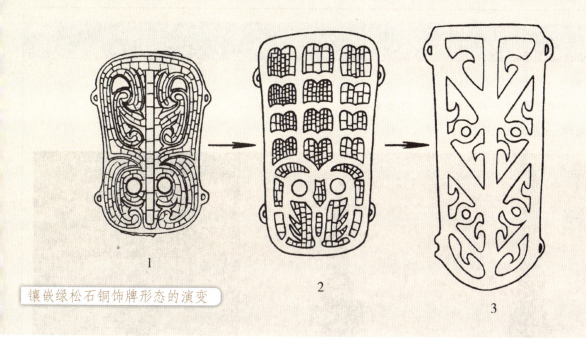

镶嵌绿松石铜饰牌形态的演变

为，三星堆二期文化很可能是在夏末商初之际，迁入成都地区的夏遗民与当地土著民相结合所创造的一种新型文化遗存。也有的学者认为，夏文化与蜀文化既同源而又各自独立发展，在发展中不断发生双向的文化交往交流。三星堆铜牌饰等器物的发现，说明二里头文化对三星堆文化确实有过直接的影响。

事实上，三星堆文化包含的文化因素复杂多样、丰富多彩。一方面，从考古发现看，三星堆文化的牙璋等器物可能又反过来影响了二里头文化。另一方面，近年来仁胜村土坑（墓）群中出土的锥形器和泡形牙璧等玉器，则反映出其与东南沿海的良渚文化之间有一定的联系。而三星堆遗址中出土的大量象牙、海贝、青铜神树、人像以及金面罩、金杖等，又反映了域外的古代文化曾对三星堆文化产生过影响。这表明，文化的影响是相互的，是多维度、多层面的，三星堆文化不仅与中原及长江流域中下游古文明有双向的交流互动，而且对周围文化也产生了较强的影响。三星堆灿烂夺目的古代文明，正是通过吸收汇纳多种文化才得以形成并发展繁荣起来的。

3. 铜戈和铜璋

三星堆一、二号祭祀坑共出土青铜戈61件，其形制均为十字形，按其形态的相对变化分为五种类型。

三星堆十字形青铜戈的援呈细长等腰三角形，两侧有锯齿或连弧状刃口。一般认为，这种铜戈可能是西周至战国时期巴蜀三角援无胡式铜戈的祖型。

文物信息

铜戈

宽2.5～4.3厘米，通长20.4～21厘米

三星堆一号祭祀坑出土

就器物分类而言，铜戈属青铜兵器，但从三星堆铜戈呈薄片状、不大具有杀伤性这点看，其应属仿实战兵器制成的礼仪用品，推测是在宗教仪式表演活动中用作仪仗，以壮其隆仪。此外，在古蜀人的祭祖请神仪式中，也可能使用这种铜戈作驱邪之法器。

文物信息

铜璋

长14.2厘米

三星堆一号祭祀坑出土

这件铜璋长仅10余厘米，但造型奇特，颇为罕见。它的器身呈拐折状，顶端分丫开叉，一侧有弯钩，柄部如同"S"形，整个器形看上去就像刚刚破土而出的禾芽，充满蓬勃的朝气。

除上面介绍的青铜器外，还有一些小体量的铜瑗和戚形方孔璧，其文化功能与玉瑗、玉戚形方孔璧一样，均应是祭祀礼器。总之，这些器物，或为独立的小件礼器或装饰品，或属于一些大型青铜制品上脱落的装饰附件，相比于铜神树、青铜大立人等体量硕大的青铜制品，其体量虽小，但构型造势考究而富有趣味，做工精细而构思巧妙，颇值赏看玩味，堪称三星堆青铜器群中的一道独特的风景线。

二、金器

黄金是稀有的贵重金属，以其耀眼夺目的光泽，深受世界各民族的推崇。中国是世界上最早使用黄金的国家之一。中国早期的金器较多地出现于商代，商代的黄金制品以秦岭和淮河为界，分为南、北两大地域系统，体现出不同的价值倾向。北方诸系金器大多为装饰品，数量与种类不多，且形体较小。南方金器则以三星堆金器为突出代表，其器物风格和制金工艺独树一帜，在中国同期文明中属最为杰出者。

根据地质调查，四川盆地西北部和盆地周缘都有广泛的金矿分布，三星堆金器原料可能来自四川西南部的大渡河、雅砻江流域。三星堆黄金制品种类丰富，量多体大，主要发现于1986年发掘的两个器物坑中。一号坑出土金器4件，种类有金杖、金面罩、虎形箔饰、金料块等。二号坑出土金器61件（片），种类有金面罩、金箔四叉形器、璋形箔饰、鱼形箔饰、圆形箔饰、金箔残片。

文物信息

金箔四叉形饰

高9.4厘米，宽6.9厘米，重6.02克
三星堆二号祭祀坑出土

器物用长方形金箔錾成尖角四叉形，另一端齐平，有点像四座起伏相连的窄山，应是粘贴于其他器物上的饰件。

另有金箔残片残屑等191.29克。其中，2件金面罩粘附于青铜人头像上。金器含金量多在90%左右，另外10%的金器主要含银。其中，一号坑出土的金杖长142厘米，重463克，可以说是中国商周时期迄今发现的体量最大的一件金器。金杖以金箔制作，采用了捶打定型、剪裁挖孔、皱折修整、延展消气、土漆粘合、捶打修整、磨光等多道工艺过程，加工技术已相当成熟。金虎形饰是用较薄的金箔模压捶打而成，其身体上还饰有勾云纹和圆涡纹，圆头大口，体态骄健生动。各种形状的金箔饰件，裁剪成鱼形、璋形、圆形、四叉等不同形态，并用极细的划纹刻划出鱼鳞、叶脉、璋首等细小纹饰，同时还有穿孔以便于悬挂。这些器物制作工艺精湛，体现出以锤拓、模压、粘贴、錾刻、镂空等技术为主的工艺特点，代表了中国早期黄金冶炼工艺的最高水平。

金箔鱼形饰

三星堆二号祭祀坑出土

此类饰件共出土19件，分大小两型。大号金箔鱼形饰共有5件，长约20厘米，宽近2厘米，器身细长，既似鱼形又像柳叶，上錾刻有精细的叶脉纹和刺点纹。小型的金箔鱼形饰形制与大号接近，长度从4厘米至7厘米不等，表面无纹饰。鱼形饰上端均有一圆穿孔，应是悬挂于其他器物上的饰件。

○ **文物信息**

金虎形饰

通长11.6厘米，高6.7厘米，重7.27克
三星堆遗址一号祭祀坑出土

中国古代民族多有崇虎的习俗，中原出土文物大量以虎为饰，战国时流行于四川的"巴蜀符号"也以虎图纹最为常见。三星堆出土的金虎及青铜虎，造型以简驭繁，气韵生动，说明蜀人对虎的观察相当仔细，而且虎的形象在其心目中有十分重要的地位。只有当人们崇尚某种动物时，才会产生对它的细致观察态度。这件金虎昂头张口，仿佛正在咆哮山林。它的身体呈半圆形，眼部镂空，前足伸，后足蹲，尾巴上卷，似乎正在奔跑，形象极为生动传神。《山海经·海内经》说古蜀境内百兽出没。虎为百兽之王，一方面为了生存便"认虎为亲"，以求保护。另一方面，古蜀人又把虎作为山林之王而崇拜。这就是金虎形饰反映的历史语境。该饰件呈半圆形，推测原来是粘贴于其他器物上的饰件。

三星堆金器大多数属金银二元合金，含金量普遍达到85%左右，另外的15%多为银。在当时能够提炼并做出含金量如此高的金器，其冶炼技术的高超可见一斑。三星堆金器的铸造过程大致为：采用原始的方法淘洗砂金，再使用熔融法冶炼成合金，经人工捶打和碾压成金皮、金带、金箔，之后再剪切成形。特别是三星堆出土的金杖，按照其长度和直径计算，其展开面积超过了1000平方厘米，这样大的金皮，又锤制得如此平整、均匀，没有因捶制不当而产生破裂、空洞等现象，说明了古代工匠对黄金质地柔

软、富于延展性等特点有了充分的认识和掌握。同时，模压、粘贴、錾刻、镂空等技术在三星堆的金器中也得到充分体现，不少金器在制作完成后，还经过了抛光处理，虽经几千年的泥土掩埋，仍耀眼夺目，光彩依旧。三星堆黄金制品的生产技术和加工工艺在当时都处于领先地位。

黄金工艺在中国的先秦时代并不发达，人物造型的黄金像设或器具更为罕见。三星堆器物坑中出土的金人面罩、贴金铜人头像与金沙遗址出土的金面具，在商周时期中国其他地区和其他文化中几乎不见。

● **延伸阅读**

三星堆金箔饰件

三星堆金器以金箔和金片为主，除了有金杖、金面罩等较大型的器型外，也出土了很多小型的金箔饰件。

各形各式的金箔饰件均形体细小，可能并非单独使用的饰件。几乎所有的金箔饰件上都留有小穿孔，应是作为系挂之用的。可以推测，这些小型金箔饰件应是附着在其他器物上的饰品。二号坑出土的一棵小神树的树枝上包裹有金箔，那么这些金箔饰件是否就是神树上的挂饰呢？如果这种猜想得以证实的话，那么这棵金光闪闪的神树就真成了名副其实的"金枝"。古罗马史诗《埃涅阿斯记》中记载，特洛伊英雄埃涅阿斯在父亲去世后，根据一位女神的指示，折取了一节树枝，借助它前往冥界去寻找父亲的灵魂，这神奇的树枝就叫"金枝"。三星堆神树也被认为是通天通神的工具，那么是挂于神树上的金箔饰件显然并非普通的装饰品，而具有某种神奇的祭祀意义。

第四章

雄浑壮阔的生命赞歌

——古蜀人的信仰与艺术

第一节 天地之灵
——玉石器大观

玉石器多是古人用来交感神灵、沟通天地的礼器及祭品，是所谓"以玉通神"的精神产物。自上古时代，先民们即开创了崇玉、尚玉这一源远流长、蔚为大观的"中国玉文化"之先河。

三星堆出土的众多玉石器足以证明，至迟在商代，蜀人已有了较为完备的宗教礼仪制度，反映出古蜀国已具有相当强盛的综合国力，而与之相适应的宗教礼仪制度已臻于完善。古人以玉作"六器"，玉之用，天地四方，无所不包。玉器作为通天、通神之礼器，在古人心目之中具有崇高的地位。而遗址出土的玉石器中礼器的数量最多，从一个侧面反映了当时蜀国的政治宗教文化。其中，如璧、璋等都是古代祭仪中最为重要的礼器，璧以礼天，璋以祭山，"天山之祭"是古蜀人通灵、通神和通天的主要方式。

三星堆遗址玉器的基本器形和组合关系，与同时期中原和长江中下游出土玉器有很多相似之处，如璋、戈、琮、璧的器形特征和组合情况，与二里头、二里岗、殷墟等地出土的玉石器大体相仿；三星堆西部墓葬区出土的锥形器、泡形器等，又与良渚文化玉器类似，证明三星堆文化的玉器是在中原和长江中下游文化影响下形成和发展起来的，是中华玉文化大家族的一个有机组成部分。同时，三星堆玉器又有许多自身的特色，如璋的数量众多，体量硕大，形式复杂，而且有鱼形璋、镂空璋、刻划图像的边璋等独有品种；又如工具类玉器数量品类丰富，列璧被大量使用，说明三星堆文化已经形成了自身的玉器风格和体系，代表了玉文化的又一个地区类型。

一、饰品

三星堆遗址出土的玉石饰品亦是古蜀玉文化中颇具特色的品类。如串珠、玉管、琥珀坠饰等，用料考究，雕琢工细，小巧别致，极富生活气息与艺术趣味。其婉秀朴雅之风，展现出崇神时代古蜀人审美情趣的多样性与佩玉风尚之一斑。

三星堆的玉石饰品主要有玉串珠、玉管、琥珀坠饰等，玉管和玉珠多采用碧玉为原料，温润光洁，晶莹剔透。与粗犷大气的玉石礼器相比，玉石饰品更显玲珑别致、婉秀朴雅。每一件饰品的制作都精雕细琢，采用了雕刻、钻孔、抛光等多种工艺。

古人素有佩玉之风尚，玉饰通常是财富、权利和身份地位的象征。三星堆玉石饰品展现

⬤ 文物信息

玉管

通长11.6厘米，高6.7厘米，重7.27克

三星堆遗址二号祭祀坑出土

三星堆二号祭祀坑出土的玉管共15颗，呈直筒形，每颗的长度从1.7厘米至4.85厘米不等，每颗玉管都采用桯钻法钻孔，孔璧浪直，打磨光滑。玉管颜色为绿色，光亮可鉴。玉管应是佩戴于颈部的装饰品，同项链的功用一致。

了古代蜀人的佩玉习俗和审美情趣，富有浓郁的生活气息。作为珍贵的装饰品，在祭祀活动玉饰也通常会被作为祭品奉献给神灵。二号坑的玉管、玉珠等饰品在出土时均装在铜罍里，大概就是作祭品之用。

◉ **文物信息**

玉串珠

通长11.6厘米，高6.7厘米，重7.27克

三星堆遗址二号祭祀坑出土

　　三星堆二号祭祀坑出土玉串珠共41颗，形状多为鼓形或长鼓形，少数为算珠形，长1～1.8厘米，直径0.8～1.1厘米。玉珠的质地为碧玉，呈现绿、灰、白等多种颜色，美丽夺目。同玉管一样，玉串珠也是佩戴于颈部的装饰品。

● 延伸阅读

"玉石之邦"——中国

　　中国玉器制作从新石器时代开始，已有7000多年的历史，悠悠数千载经久不衰，素有"玉石之邦"的美称。

　　早期玉器仅仅是作为工具和装饰使用，随着社会的发展和贫富的分化，产量少而美观的玉器便逐渐成为财富和权力的标志。《周礼·大宗伯》"六瑞"之说，就明确规定按人的身份、等级的不同而应使用相应圭璧，不准越级持佩。玉器又是统治者用来祭祀天地，祈祷神灵的礼器。而在原始宗教中，玉器又被作为沟通天地人寰的法器。

　　《荀子·劝学》中云："玉在山而草木润。"是说蕴藏有玉的山岭会因此而草木丰茂鲜润，意在突出玉作为天地之灵的功用。《说文解字》中说："玉，石之美，有五德，润泽以温，仁之方也。"这便是抽绎美石色泽温、纹理清、质地密、硬度坚、韧性强的属性，与仁、义、智、勇、洁"五德"相配，而赋予其道德、哲学、政治理念，寄寓了美好愿望，这与"君子比德于玉"之说互为映发。而通过"握瑾怀瑜""镂石攻玉"等中国成语，以及汉字中不胜枚举的与玉有关的字，则更见玉石文化的张力。可以说，源远流长的玉文化是中国古代文化的一大载体。

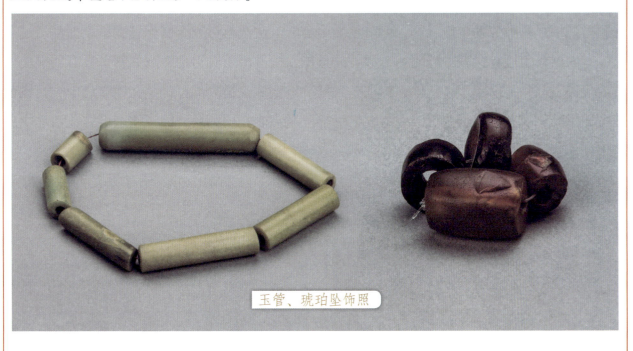

玉管、琥珀坠饰照

二号坑出土玉凿装于铜罍中

二、工具与兵器

　　工具的礼仪化是三星堆晚期遗存的重要特征，三星堆玉石工具刃部犀利如新，并多出于祭祀坑中，应是宗教仪式中使用的祭品。三星堆玉石兵器为宗教仪式中的仪仗，其中，戈的数量最多，做工考究，风格冷峭；玉凿清润莹洁，朴雅美观。

　　在三星堆祭祀坑及遗址中出土了大量的玉制工具，其中以凿为大宗，两坑共出土玉凿68件。凿本来是一种劳动生产工具，但三星堆出土的玉凿选料考究，制作精美，表面都经过抛光，有的器身上还有穿孔，可能用于佩戴或悬挂。玉凿出土时刃部犀利如新，没有明显使用过的痕迹，并且多出自于祭祀坑，特别是二号坑出土的玉凿大部分都装在铜罍之中，而铜罍是古蜀国的重要礼器，据此可以认为，三星堆玉凿应非实用工具，除了在宗教文化活动中用作仪仗外，还可作为祭品奉献给神灵。

除了玉凿之外，还有大量的玉斧、石斧、玉锛、石锛及玉斤等，大多也并没有实用性，而成为象征性的工具和礼器。

🌑 文物信息

玉凿

高20厘米，宽1.9厘米

三星堆一号祭祀坑出土

　　玉凿器形细长，呈圆柱形，刃部似泥鳅头状，通体打磨，晶莹剔透。

玉锛

玉斤

文物信息

玉斧

高20厘米，宽6厘米
三星堆一号祭祀坑出土

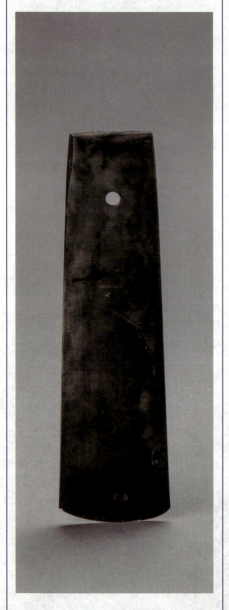

该玉斧形状略呈梯形，刃部较宽，为单面弧形刃，器身两侧平直，端部呈方形，中部有一圆穿。

文物信息

玉剑

残长28.2厘米，宽3.4厘米
三星堆一号祭祀坑出土

该玉剑的前锋残断，剑身呈竹叶片状，剑身一面凸起，另一面两侧平，中间呈弧形下凹。扁茎无格，茎上有一圆穿。玉制的剑目前在全国仅此一件，弥足珍贵。

古代四川地区流行一种青铜短剑，因为形似柳叶而被称为柳叶剑。过去曾认为它流行的时代较晚，或者认为它来源于其他地区，但三星堆这件3000多年前的玉剑的出土，使学术界有了新的认识。三星堆玉剑的形状正与后来在四川地区广为流行的青铜柳叶剑很相似，应是巴蜀式剑的"鼻祖"。也有的学者提出，柳叶剑的名字尽管叫了许多年，但它正确的名称应该是竹叶剑，从这种剑的形状看，确实更像竹叶，以四川地区遍地茂生竹林来看，也许古蜀先民造这种剑时就是受到了竹叶的启发也未可知。

三星堆遗址出土的玉石兵器类主要有剑、矛、戈等。

戈是三星堆玉石兵器中数量最大的一类器物，两坑共出土玉戈39件、石戈37件。与中原同时期出土的玉戈相比，三星堆玉戈具有独特的风格，如平刃戈、细三角形无脊弧刃戈等，都是三星堆独有的器型。三星堆玉戈做工考究，制作精美，形体宽大，锋刃犀利。三星堆玉石兵器上均未见有使用过的痕迹，说明并非实战用的武器，而是在宗教仪式表演活动中用以壮其声威的仪仗。

⬤ 文物信息

石矛

长15.4厘米，宽4.3厘米，厚1.4厘米
三星堆遗址出土

这件恍若墨玉的石矛，器身光润，线条流畅，棱角分明，令人睹之而神爽。其选料考究而制作精美，并无兵器的凌厉冷峻之气，而是呈现出美观精良的工艺之美。

⬤ 文物信息

玉戈

通长37厘米，宽9.4厘米
三星堆一号祭祀坑出土

形体宽大，援呈三角形，前端及两侧斜收成前锋和边刃，援中部有一中脊直贯前锋，中脊及刃部线条流畅，长方形的柄部中央有一圆穿，可能是用来固定的。通体打磨，冷峭犀利。玉戈的形制风格与殷墟妇好墓出土的玉戈接近，反映了两地的文化交流。

三星堆出土的某些玉戈器型较为罕见，有的前锋呈平刃状，有的两侧呈连弧状的刃口，造型奇特，反映了某种特殊的制器观念。

三星堆出土玉戈的长度和形制之大也超出一般。著名的商代安阳殷墟妇好墓中出土的同类型的玉戈，最长者不过40余厘米，而三星堆遗址出土的两件玉戈，最长的则达60多厘米，这从一个侧面反映出其所象征的"高等级"。这种对大体量的祭祀礼仪用器的追求，一方面固然体现了古蜀制玉工艺技术的成熟，更重要的一方面则是反映了古蜀的文化观念。

三星堆遗址出土的玉石器中，种类和数量最多的是玉戈和玉璋，它们构成了三星堆玉石器的主体，其文物价值和艺术价值都是很值得研究的。

兵器和工具的玉制化和礼仪化，是三星堆晚期遗存的重要特点，标志着等级观念和宗教形态已渗入玉器中，使其成为祭祀工具或等级权力的象征物。多种形制、多种用途的玉制兵器和工具的大量出现，反映出三星堆古蜀国已形成了较为完备的宗教礼仪制度。

文物信息

玉戈

通长40厘米，宽10.1厘米
三星堆一号祭祀坑出土

该件玉戈形体宽大，援呈三角形，在援本部的两面正中阴刻有长方形的几何纹饰。全器呈黄褐色，上有流水状纹理，色调明快，通体打磨，线条流畅，制作精美。

延伸阅读

三星堆遗址中出土的大量工具式玉器构成了三星堆文化玉石器的一个重要特征。三星堆一、二号祭祀坑共出土工具类玉器111件，器形包括斧、斤、锛、凿、铲、磨玉等。其中又以玉凿数量最多，共计77件。此外还有与工具类玉器相似的工具类石器40件。这种工具类器物在玉礼器中占有重要地位的现象，同样存在于巴蜀文化的青铜礼器之中。如新都战国蜀王大墓腰坑出土的一组完整的188件青铜礼器中，就有工具类青铜器60件，包括斧、斤、曲头斤、手锯、雕刀、削（大小三套）、凿（大小四套）等，而且整齐地分为12套，每套5件，器形完全相同。这种现象表明工具类器物在巴蜀文化礼仪制度中曾具有特殊的地位。

三、礼器

1. 璋

璋是古代"礼南方"之器，主要用途是祭山。三星堆玉璋数量最大，尤以牙璋最富特色。璧、瑗、环也是三星堆玉石器中较多的种类，均为礼祭神天之器。璧制象天，正所谓"以苍璧礼天"。琮象征地母，正所谓"以黄琮礼地"。

● 延伸阅读

玉之"六器"

中国素享"礼乐之邦"的美誉，礼乐文明是中华文明的底色，是中华传统文化的重要组成部分。"礼"起源于原始时代社会习俗与祭祀仪规，"乐"则与之相辅相成；礼乐文化是中华民族祖先进入文明社会的夏夏独造，至西周而臻于完善。

周代是中国古代礼制至最兴盛的时代。所谓礼制，就是从王侯到贫民在社会活动和日常生活中所遵循的行为规范。人们平时的衣食住行、婚嫁丧葬等均有严格的礼制约束。其礼制反映在用玉制度上，则是一系列的礼玉。礼玉，即礼仪玉器，顾名思义，是指古人在祭祀、朝会、交聘等礼仪场合使用的玉器。这些礼玉形制不同，用途各异，名称繁多，其中最主要的是璧、琮、圭、璋、琥和璜六种，合称为"六器"。"六器"，是中国古典玉器的核心部分。《周礼·春官·大宗伯》记载："以玉作六器，以礼天地四方，以苍璧礼天，以黄琮礼地，以青圭礼东方，以赤璋礼南方，以白琥礼西方，以玄璜礼北方"，古人以玉制六器，用以祭祀天地四方，其既是祈祷神灵的礼器，又被作为沟通天地人神的法器。此外，《周礼·大宗伯》还有"六瑞"之说："以玉作六瑞，以等邦国：王执镇圭，公执桓圭，侯执信圭，伯执躬圭，子执谷璧，男执蒲璧。"这是明确规定按人的身份、等级的不同而应持佩相应的玉器，不可僭越。作为"六瑞"，实际只涉及圭、璧两种礼玉。

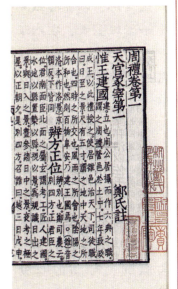

三星堆遗址出土最多的玉石礼器是玉璋，两个祭祀坑共出土玉璋57件，另外在遗址内其他地点也零星出土了十来件玉璋。

三星堆遗址出土的玉璋大致分为三类：一类为边璋，斜边平口，略呈平行四边形；一类为牙璋，呈长条状，柄部有锯齿状扉棱，端部分芽开叉，该类器物在陕西神木石峁龙山文化、偃师二里头文化遗址中均有发现，但以三星堆遗址出土的牙璋数量最多，制作最为精美；一类为鱼形璋，璋的射部酷似鱼的身体，射端呈叉口刃状，宛如微张的鱼嘴。鱼形璋是蜀地特有的器型，目前仅见于三星堆遗址和金沙遗址。也有学者认为，鱼形璋是牙璋的一种变体，其形状似鱼可能与传说中的古蜀王鱼凫有关。

文物信息

玉璋

通长38.2厘米
三星堆一号祭祀坑出土

这件通鱼形璋器身呈鱼形，两面各线刻有一牙璋图案，在射端张开的"鱼嘴"中，站着一只镂空的活灵活现的小鸟。鱼鸟合体的主题，寓意深刻。该器制作精美，综合运用了镂刻、线刻、管钻、抛光等多种工艺，还充分利用玉料的颜色渐变，随形就势以表现鱼的背部与腹部，可谓匠心独具、巧夺天工。一般认为，鱼形玉璋浪可能与古史传说中古蜀王鱼凫有关。

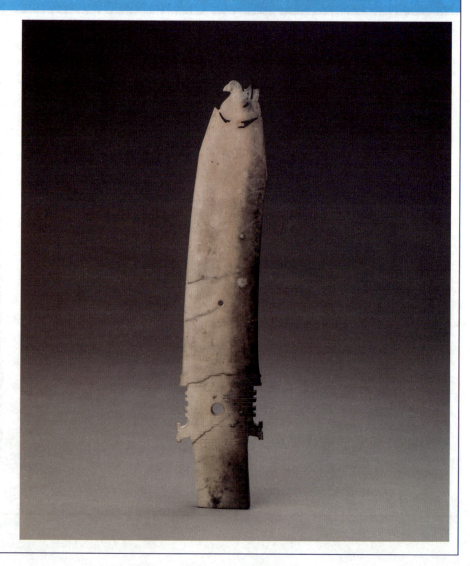

◉ 文物信息

玉璋

通长25.2厘米，宽7.2厘米

三星堆一号祭祀坑出土

玉璋射端分芽开叉，多齿状扉棱向器身两侧充分展开，恍若张开的翅膀，极为美观漂亮。

◉ 文物信息

玉璋

通长50.5厘米，宽7.5厘米

三星堆二号祭祀坑出土

玉璋器身平直，射前端呈凹弧形双面刃，射本部有三组对称的齿饰，体现出精湛的加工工艺。

璋是我国古代最为重要的礼器之一，在所谓礼拜天地四方之中，璋被认为是用来"礼南方"的器物，一般认为它最主要的用途是祭山。三星堆二号祭祀坑出土了一件铜持璋跪坐人像，非常直观地表现了璋在古代作为祭祀礼器的用途。三星堆二号祭祀坑出土的一件玉边璋上的刻划图案，则更直接地表现了璋的祭祀主题。图案分上下两幅，正反相对呈对称布局，每幅图案由五组构成：下方一组有两座山，两山外侧各插有一枚牙璋；第二组是三个跪坐的人像，头戴穹窿形帽，佩双环相套的耳饰，身着无袖短裙，两拳相抱，置于腹前；第三组是

铜持璋跪坐人像

几何形图案；第四组又是两座山，两山中间有一略似船形的符号，两山外侧似有一人手握拳将拇指按捺在山腰；最上面的一组为三个并排站立的人像，人像头戴平顶冠，佩铃形耳饰，身着无袖短裙，双手作与第二组人像相同的动作。从图中的山、山侧所插的璋以及作拜祭状的人等情况分析，大体上可以推测该图所表现的正是所谓"山陵之祭"的隆重祭祀场面，而以璋祭山的用途，也就彰显无疑了。

文物信息

"祭山图"玉边璋

通长54.2厘米，宽8.8厘米

三星堆二号祭祀坑出土

这件玉边璋是三星堆玉器中最有代表性的极品文物。器身两面线刻有祭祀图案，表现了庄严隆重的祭祀场面，为研究古蜀宗教祭祀礼仪提供了珍贵的资料。

玉边璋所刻的纹饰构图复杂而讲究，风格奇诡精丽，其图案的内涵是公认的又一个"三星堆之谜"。它给人们带来了许多疑问，如下层跪着的人和上层站着的人是什么关系？是否就是表示人间与神界的某种关系？他们是谁？他们在做什么？图像中悬空的不规则几何形又是表现的什么呢？可以说，三星堆文物的神秘性在这件玉边璋上得到了充分体现。

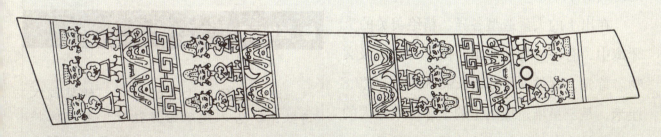

"祭山图"玉边璋线图

文物信息

玉璋

长达1.59米，宽22厘米，厚仅有1.8厘米

三星堆遗址出土

三星堆出土的边璋较多，以这件最大，两端还有残损，估计原来长度还应该增加几十厘米，器身镂刻精美工细的纹饰。这件硕大的玉边璋，堪称"边璋之王"。

玉牙璋是古蜀一种较为重要的礼器，反映了古蜀人独特的文化观念。在夏代或商代早期，中原玉牙璋传播到蜀地，一直流行到商代晚期。在此漫长的历史过程中，蜀国玉工不断地仿造玉牙璋，并加入了本土的文化因子与艺术风格，形成了具有强烈古蜀色彩的蜀式玉牙璋。

在出土的大量造型各异、精绝美夬的玉牙璋中，有一件特别突出，被定为国宝级文物。首先，这件玉牙璋通长90.8厘米，宽7.8厘米，是三星堆遗址出土的玉牙璋中最大的一件。其次，该器物通体漆黑，既长且大，两射尖内收成锋刃状，经打磨抛光、闪闪发亮。再次，器身极薄，厚度仅0.6厘米，堪称三星堆所出玉器中制作难度最大，而且最为精美的器物。

三星堆出土玉器数量之多，品类之丰，制作工艺之精湛，制作工序之繁复，足以证明当时古蜀玉石器加工制作业的繁荣。

延伸阅读

弄璋

汉族民间对生男的古称，始见周代诗歌中。古人把璋给男孩玩，希望他将来有玉一样的品德。旧时常用以祝贺人家生男孩。

三星堆遗址出土玉牙璋

三星堆遗址出土玉牙璋

2．璧、琮

璧和琮是中国古代最重要的祭祀礼器，是古人宇宙观的实物体现，是沟通天地、连接人神的重要工具。

璧是一种扁平圆形、正中有孔的器物，早在新石器时代已经开始出现并延续不断。和氏璧和完璧归赵的故事几乎家喻户晓，可见玉璧对现在仍有很深的影响。

三星堆遗址出土的二十来件玉璧形器，根据肉（边郭）径与好（孔）径的关系，考古工作者将其命名为璧、瑗和环，事实上这三类玉石器在形制上很难截然区分开，可能与当时制作这类玉器的管钻工具有关，其功能应是一致的。在这里先区别一下璧、瑗和环的形制。《尔雅·释器》说："肉倍好谓之璧，好倍肉谓之瑗，肉好若一谓之环。""肉"指玉质实体部分，"好"指中间的孔径空心部分。古代对这三种玉器的解释是：内孔径小于玉质部分的称为璧；内孔径大于玉质部分的称为瑗；内孔径与玉质部分相符的称为环。但从出土的实物看，肉和好的比例并不规则，而是各种比例都有。1983年，夏鼐先生指出"环和瑗，实际上也是璧"，并建议"把三者总称为璧环类或简称为璧类，瑗字在古玉名称中今后可以放弃不用"。所以，一般把内孔较小的称为璧，内孔较大的称为环，而玉瑗这个名称较少使用。

一些璧形器的好缘凸起，具有鲜明的地域特色。一号祭祀坑还出土了一种形状为不规则的椭圆形，中有圆孔，孔缘凸起的器物，我们将其命名为戚形璧，这种器型目前仅见于三星堆，其功用尚不清楚。

玉璧是"六器"中出现最早、使用时间最长的一种礼玉。在中国古代祭祀仪式

文物信息

玉璧

外径17.8厘米，孔径6.7厘米

三星堆二号祭祀坑出土

玉璧面平，上有数同心圆阴线纹，各组同心圆之间的距离相等，显然经过精确的计算，阴线纹线条均匀流畅，表现出极其高超的冶玉技术。

玉戚形璧（K1:204）

长20.8，宽9.3，孔径3.3厘米

三星堆一号祭祀坑出土

玉戚形璧器形长而薄，两端呈圆弧形，一端宽，一端窄，中间有一圆孔，孔璧高高凸起，这是三星堆特有的器型，因形似古代的一种兵器——戚，故命名为戚形璧。也有学者认为，这是一种玉制的农具，称其为"玉锄"。

中，也是最重要的礼器之一。这种圆形而中央有孔的玉器，在古代人心目中是天盖的象征，璧的造型蕴含了古代"天圆"的宇宙观念，用以象征太阳和天宇，因此《周礼》有"苍璧礼天"的记载，古人将其列为"六器"之首，用以祭天。

三星堆出土的玉璧、玉瑗和玉环，不仅选料考究，而且制作工艺精湛，如许多玉璧和玉瑗的玉质呈碧绿色，观之通透莹润，呈现出一种冷逸清泠之美，加以器身有因精心旋转制作时留下的同心弦纹，更显出细腻宛秀之风。许多质地明洁的玉环上都特别开有很小的方孔，显得工细雅致，小孔可能用于穿绳系带，在如此薄的玉环器身上切割出极小的方孔，其难度可想而知。

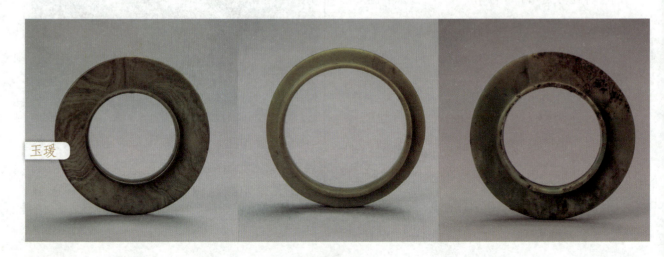

玉瑗

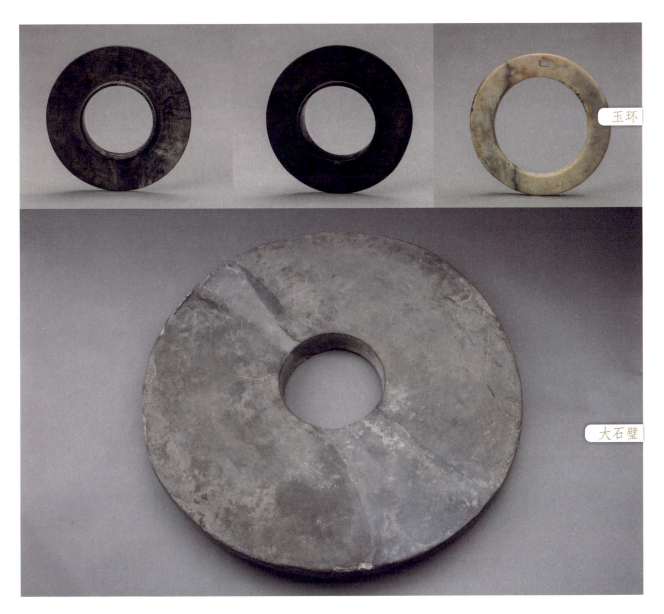

玉环

大石璧

三星堆出土的石璧有大有小，大的直径十多厘米，小的直径只有两三厘米，可以将它们从大到小依次迭放，渐变排列，谨而有序。特别是有一组石璧出土时发现，它们在坑中是从大到小叠置如石笋一般。璧的主要功能是祭天，叠置如石笋可能是象征着群峦山峰，强化了璧的通天的功能。在三星堆璧形器中，最大的一件是被誉为"石璧之最"的大石璧。该石璧的直径有70多厘米，厚近7厘米，重达百斤，形如一口水井的盖子，石璧中部有采用管钻法掏成的圆孔，上面也有明显弦纹，如此硕大体量的石璧实属罕见，制作这样一件大石璧的实属不易。这件大石璧的来历也有些特殊，是1929年燕家院子出土的众多玉石器中的一件，因而其在三星堆文物中别具纪念意义。考古人员还发现了一个有趣的现象，有些纺轮之类的生活用具，是从石璧中间去下来的石芯加工而成的，真可谓是物尽其用了。

石璧

总的来说，三星堆璧、瑗和环的选料精良，制作精细，以及或硕大无朋的体量，或可按大小渐变叠置的成套组合等，都深刻地反映出古蜀人对璧这种礼器的重视和尊崇，可以窥见先民对"天"的虔敬、对相应礼仪的遵奉和他们明净而深沉的精神世界。

随着时代的变迁，璧的应用范围也越来越广泛，它不仅可以作为权利等级的标志，既可以佩戴也可以随葬，同时又是社会交往中的馈赠品和信物。即使到了后世，民间百姓仍然将它作为吉祥福瑞的物品而佩戴或珍藏。

三星堆青铜大立人手势

　　琮跟璧一样，也是古代祭祀活动中最重要的礼器之一，《周礼》有"苍璧礼天，黄琮礼地"的记载。琮的形状为外方内圆，中央为圆筒状，外周呈正四方或钝角四方形，形似一中空圆筒套在方柱中。按文献记载，琮的方形应是象征大地，《周礼·春官·大宗伯》说"以黄琮礼地"，黄色正是象土，因此琮的最重要文化功能是用于祭地。但也有学者根据琮的形制，并结合古代文献记载，认为琮不仅仅是用于祭地，而应该是贯通天地的重要礼器，琮制内圆外方而中间贯通正是寓意天圆地方、天地相通。

延伸阅读

玉（石）璧是三星堆遗址一种具有特殊地位的器物。这种器物不仅出土于器物坑中，而且大量发现于遗址地层之内；不仅数量众多，而且经常是大小相递的成组列璧，还出有各式各样的半成品，说明它是三星堆时期本地制作、频繁使用的一种重要器物。关于玉（石）璧的用途，过去曾有"货币""衡权（法码）""财富""礼器"等说法。从三星堆遗址的燕家院子、仓包包、盐亭麻秧等器物坑列璧的数量和出土情况分析，三星堆文化玉（石）璧作为祭祀礼器使用的可能性更大一些。正因为三星堆时期经常举行祭祀活动的需要，在三星堆古城内外才出现许多制作玉石器并遗存下来大量半成品的遗址。

琮的出现也很古远，最早的玉琮见于距今约5100年的安徽潜山薛家岗第三期文化。至新石器时代晚期，玉琮在江浙一带的良渚文化、广东石峡文化以及山西陶寺文化中大量出现，其中尤以良渚文化的玉琮最为发达，出土与传世的数量也很多。三星堆遗址出土的琮并不多，目前可以确定的仅有三件，形体偏小，造型简洁。有学者认为，青铜大立人像的环握中空的手型原应握有沟通天地的法器，据手型的形状，可能是握琮，虽未得到证实，但可为我们索考琮的用法提供一种思路。

文物信息

玉琮

高7.25厘米，宽8.4厘米，内泾7.05

三星堆遗址采集

玉琮呈黄绿色、半透明，器身外方内圆，中空呈短筒形，两端凸出的射部较矮呈环状，外边四方转角圆浑，每方外壁阴刻平行竖线2条，转角处上中下阴刻平行横线3组5条，与四方的竖线相交。此器为1929年燕道诚挖水沟时发现的一件器物，1951年由燕道诚之子捐赠给广汉县人民政府。

第二节　金色辉煌
——金杖、戴金面人头像、金面罩

黄金制品在古蜀文化中占有极高的地位，三星堆金器多属作为权力的象征用于隆仪、祭典的重器，这与北方地区仅以黄金作为装饰品，中原地区以铜为重的价值观念完全不同。如金杖和金面罩，不仅代表了权力和地位，而且具有浓郁的神巫文化色彩。金杖、金面罩等文化形式较为接近西亚近东文明，有学者认为这是古代蜀人在采借吸收了西亚近东文明的类似文化因素基础上，再按照自身的文化传统加以改造创新而成的。由此推测，商代中国西南地区与古代南亚、中亚和西亚地区之间已存在文化交流。

● **延伸阅读**

中国是最早发现并利用黄金的国家之一。黄金多以生金（即自然金）的形态存在。我国古代将黄金矿一般分为砂金和山金两种类型，砂金分为水沙淘洗和掘井开采的两种砂金，山金有残积、坡积砂金矿床、古砂金矿床和脉金等三种。黄金与铜相比，熔点低于纯铜而高于青铜，不怕氧化，不溶于酸碱，易于加工，其光泽也更加迷人。

在古代文献中，有关中国新石器时代的黄金制品的记载阙如。迄今为止，考古学上也尚未发现此期的实物资料。1976年，甘肃玉门火烧沟遗址的墓葬中出土的年代大致与夏同时的黄金制品"鼻饮"、金耳环应是目前所见最早的一例。

中国古代盛产黄金的地方主要集中在青藏高原的东部地区。其中，著名的产金地有三处：一是丽水地区，地域为现在四川省的西部雅砻江与安宁河之间；一是在云南的金宝山、三面山一带（今横断山脉的怒江、澜沧江流域）；另一处是西藏地区。这三地的黄金在公元前7世纪之前均已被开发出来。

载籍有古蜀多金的记载，古丽水地区在古蜀国的统辖范围内，那么三星堆古蜀国制作金器所用黄金原料的主要来源是否与丽水有关呢？无论如何，三星堆两坑出土黄金制品向人们证实了古代文献中关于古蜀有金、银、铜之饶的说法并非向壁虚构。

一、王者之器
——金杖

考古材料表明，在我国以河南殷墟为代表的商代遗址和墓葬中，所出土的黄金制品大多是经过锤打的不定的单个饰件，而三星堆祭祀坑出土的黄金制品不仅数量多，形体大，且多是定型之制，其所具有的历史文化价值由此凸显。

在三星堆一号祭祀坑出土的这件金杖，全长1.42米，直径2.3厘米，净重约500克，系用金条捶打成金皮后，再包卷在木杖上；出土时尚见金皮内残留的炭化木渣。在金杖一端长约46厘米的纹饰图案极为珍贵。图案共有三组：靠近端头的一组，合观为两个前后对称，头戴五齿巫冠，耳饰三角形耳坠的人头像，笑容可掬；另外两组图案相同，其上下方分别皆是两背相对的鸟与鱼，在鸟的颈部和鱼的头部叠压着一支箭状物（或谓"穗形物"）。这图案究竟表现的是何种内容？是古蜀族图腾、族徽的铭记？还是是希冀通过巫术作用而捕鱼成功的渔猎祈祷图？远是描绘胜利者的功绩，或记述某件关系国家命运的大事？

文物信息

金杖

全长1.42米，直径2.3厘米，净重约500克

三星堆遗址一号祭祀坑出土

金杖或是至高无上的权威标志，即王杖权杖，是王杖的象征？或是大巫师手中的魔杖法杖，是神权的象征？或是集神权与王权于一体的政教合一体制下的王者之器？

首先，关于这幅鱼鸟图的解释。按照一些学者的理解，金杖上鱼鸟"合一"的图像很可能与鱼凫王朝有关。古史传说记载，第三代蜀王名叫鱼凫（鱼凫王朝是古蜀盛行鸟崇拜的王朝之一）。鱼凫是一种善于捕鱼的水鸟，也即鱼鹰，四川民间俗称为"鱼老鸹"。鱼凫，实

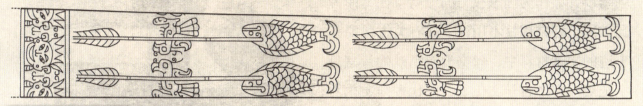

三星堆金杖线描图

际指以这种水鸟为族名的部族，反映了这是一支以鱼猎为最早的主要经济生活手段的部族。有据与此，则有观点认为，该金杖上的图案表现的是，分别以鱼和鸟为祖神标志的两个部族联盟而形成了鱼凫王朝，图案中的"鱼""鸟"就是鱼凫的图像表征，也就是鱼凫王朝的徽号、标志。

另有一种说法认为，鱼能潜渊，鸟能飞天，金杖上的鱼鸟图象征着上天入地的功能，是蜀王借以通神的法器。

还有专家认为，金杖杖身上端的三组人、鱼、鸟图案说明，金杖既被赋予着人世间的王权，又被赋予着宗教的神权，它本身既是王权，又是神权，是政教合一的象征和标志。杖用纯金皮包卷，而黄金自古就被视为稀世珍宝，其价值远在青铜和玉石之上，使用黄金制成权杖体现出对社会财富的占有，象征着经济上的垄断权力。所以说，三星堆金杖有着多种特权复合性的象征意义，标志着王权（政治权力）、神权（宗教权力）和财富垄断权（经济权力）。这三种特权的同时具备，集中赋予一杖，就象征着蜀王所居的最高统治地位。

其次，关于金杖的性质。关于金杖的性质，则有"王杖说""法杖说""祭杖说"及祈求部族或王国兴盛的"法器"说等。多数学者倾向于认为，金杖是古蜀国政教合一体制下的"王者之器"，象征着王权与神权。据古文献记载，中国夏、商、周三代王

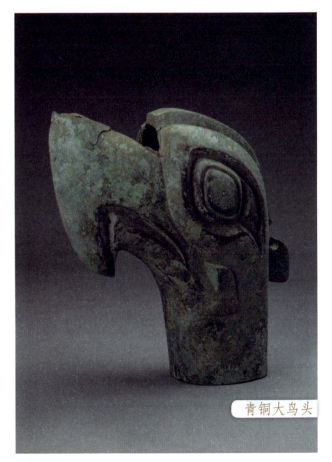

青铜大鸟头

朝均以九鼎作为国家权力的最高象征，而古蜀王国正好是用杖不用鼎。在有关古代蜀人史迹的文献材料中，丝毫没有用鼎的片言只字记载。在考古学文化上，商代古蜀文化的器物形制，例如陶器，是以小平底罐、尖底罐、高柄豆、鸟头把勺等为基本组合的，明显地区别以鼎、鬲、甗等三足器为基本组合特征的中原商文化。这些现象足以表明，古代蜀人无论在观念还是实际政治生活中，绝未把鼎当作权力与财富的象征，充分反映出古蜀与中原王朝之间文化内涵的差异，显示出古蜀国浓厚的神权色彩和地域特色。

在地中海沿岸的古希腊文明、古埃及文明、古巴比伦文明以及在西亚文明中，均有以杖形物作为神权、王权等最高权力象征的文化现象。如古巴比伦文明的汉谟拉比法典石碑上部浮雕图像，表现的就是太阳神沙玛什正在向汉谟拉比国王授予象征至高无上的神权、王权的"神杖"。三星堆出土的金杖，与西亚、埃及及较晚时期的权杖相似，

金杖上的大巫师形象（线描）

三星堆青铜大立人像

属于细长类型。值得注意的是，近东权杖的一个特点是在杖首和杖身头部装饰图案以描绘胜利者的功绩，或记述某件关乎国家命运的大事。无独有偶，三星堆金杖同样在杖身上端刻有平雕图案，内容也同样与国家权力

● 文物信息

戴金面罩青铜人头像

头纵径14.5厘米，横径12.6厘米，高42.5厘米，宽20.5厘米

三星堆遗址二号祭祀坑出土

有关。从地理因素上看，悠悠南丝路凿空万里，很难排除古代蜀国与西亚、近东彼此之间的文化交流和文化渗透。从历史上看，在古蜀王国本土和商代中国没有使用权杖的文化传统，那么，三星堆金杖是否是通过某种途径，吸收了近东权杖的文化因素而制成的呢？由于目前缺乏有力的考古学证据，尚难作出确切的回答。我们只有拭目以待，希望将来相关的考古发现能真正揭开"金杖"之谜了。

二、金面使者
——戴金面罩青铜人头像

三星堆两个祭祀坑共出土了铜人头像50多件，戴金面罩的铜人头像却只在二号祭祀坑内发现了4件，其中两件为平头顶，两件为圆头顶，造型均与两坑内未戴金面罩的同类

◐ 文物信息

戴金面罩青铜人头像

长23厘米，高51.6厘米，宽19.6厘米，头纵泾17.6厘米，横泾15厘米

三星堆遗址二号祭祀坑出土

铜人头像相同，大小与真人比例相仿。人头像所戴金面罩系用金块捶拓成金皮，然后依照人头像造型，上齐额，下包颐，左右两侧罩耳，而人头像眼眉部分则镂空露出铜本质，面罩与人头像采用生漆调和石灰作为粘和剂。整件人头像金光闪闪，仿佛人头像中的将帅首领，气宇轩昂，高贵不凡。

古埃及、希腊出土的黄金面罩，约于公元前14世纪。出土时，黄金面罩罩于人体脸部，其主要功能在于保护和再现死者的面孔，体现出古代西方人对祖先的崇拜和严格的等级观念，带有浓厚的宗教色彩。三星堆出土的黄金面罩与古埃及、希腊有所不同，它不仅施于脸上，而且紧紧粘贴于青铜头像面部，反映的很可能是古蜀人对神灵的重视及等级观念。

三星堆青铜人头像上包贴金面罩，说明当时的古蜀人已视黄金为尊。但作为常设于宗庙的祭祀神像，在其面部饰以黄金，目的当并非仅仅为了美观，应是在宗教祭祀活动中具有特定的功用。金面罩或用为娱神以使神更加灵验？金面罩戴于人像上所表征的人像身份或与中国古代文献所谓"黄金四目"、具有驱邪却鬼之能力的"方相氏"有关？……这其中的未解之谜只能有待后人来解答。

三星堆出土的人头像中，有王者形象，有有武士形象，也有双手反缚跪立的奴隶形象，表现了不同阶层的分划，说明古蜀国当时已有了严格的等级制度。金杖象征王权及神权，代表统治者。金面罩施于极少数铜人头像，应是蜀族的少数显贵。这些不仅证明了古蜀国不仅存在森严的等级制度，也是古蜀国已进入文明社会的重要实物佐证。

三、金光熠熠
——金面罩

金面罩共出土6件，除两件单个的金面罩，另有四件戴金面罩的青铜人头像。单个的金面罩出土时皱成一团，有的已经残破断裂，但我们还能看出它的形貌是鼻部呈三角形凸起，双眉双眼镂空，面罩周围向内折起像是有意团过边的。

金面罩是用金皮锤拓而成，依头像造型上齐额，下包颏，两边罩耳，耳垂穿孔，眼、眉镂空露出。从金面罩的形状大小和制作工艺来看，它与金面铜头像上的金面罩模样相同，估计这些金面罩还是有相应的青铜人头像相配的。但是，我们现在已经无法知道这些金面罩应

文物信息

金面罩

残长21.5厘米，宽11厘米，高4厘米
三星堆遗址一号祭祀坑出土

各自归于哪位铜头像"主人"所有了。

　　世界上最早的金面罩发现于美索不达米亚，在乌鲁克文化期娜娜女神庙的大理石头像上曾覆有金箔或铜箔。此外，西亚艺术中的许多雕像也都饰有金箔，埃及图坦卡蒙王陵内的黄金面具，希腊迈锡尼国王的金面罩。三星堆出土的金面罩与古希腊、古埃及等地区的金面罩外形很相似，据此，有学者推测商代中国西南地区与古代中、西亚地区之间可能已存在文化交流，古蜀人充分吸收、改造外来文化并加以创新，从而制作出了宜于古蜀礼仪文化的金面罩。

　　不论中西方，用珍贵的黄金贴在神像脸部，既体现了人们对神灵的崇敬之情，也是为了让神像显得神圣美观、倍增其神秘权威之感。

文物信息

金面罩

长26.5厘米，宽10厘米，高2.6厘米

三星堆遗址二号祭祀坑出土

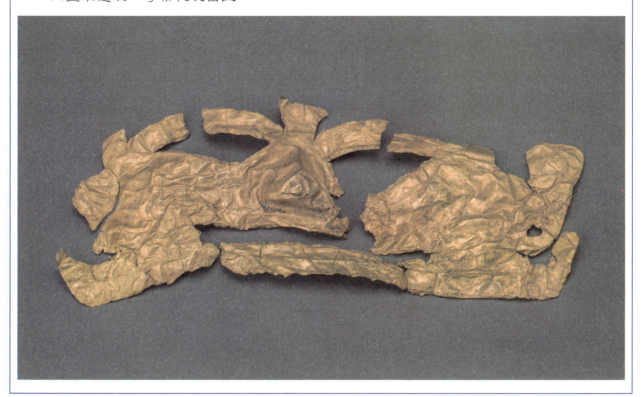

第三节　通天神树
——古蜀人智慧与精神的象征

三星堆二号祭祀坑共出土6株青铜树（小神树残件可分为4个个体），均被砸烂并经火燎，大多残缺不全，其中以修复后的一号铜神树体量最大、造型最复杂且最具代表性。目前，可大致了解构型特征的，尚有两株中小型铜树，以及铜树座、铜树枝、铜花果、铜鸟等局部构件。这几株青铜树造型各异，应有各自的特定涵义和特定的施用场合，它们与中国古史传说中东方的扶桑、中央的建木、西方的若木等神树有着极为密切的联系。三星堆青铜树是古蜀人神话宇宙观具象化的物质载体，是常设于宗庙并适时施用于相应隆仪的通天神器。

一、天地之中
——青铜神树

在古蜀人的眼中，高达3.95米的巨大青铜神树，被赋予了强烈的神巫文化色彩，具有独特而重要的仪式功能。

这件青铜神树是三星堆二号祭祀坑出土的几株青铜神树中体量最大、造型最精美繁复的一件，同时也是在迄今为止所见全世界范围内体量最大的青铜文物之一。该铜树由底座、树和龙三部分组成，采用分段铸造法铸造，使用了套铸、铆铸、嵌铸等工艺，通高3.96米，树干顶部及龙身后段略有残缺。树呈圆锥状，三山相连，铸有象征太阳的"⊙"纹和云气纹。树干铸于山顶正中，上有三丛树枝，每丛又分三枝，共九枝。每枝上有三枚桃状果实，两果枝下垂，另一果枝向上且立有一鸟，全树共二十七枚果实和九只鸟，树侧有一条缘树逶迤而下的"马面"龙，头上有大小不等一对犄角，身上有刀状羽翼，前爪匍匐于树座，后爪像"佛手"，整条龙造型怪异诡谲，莫可名状。

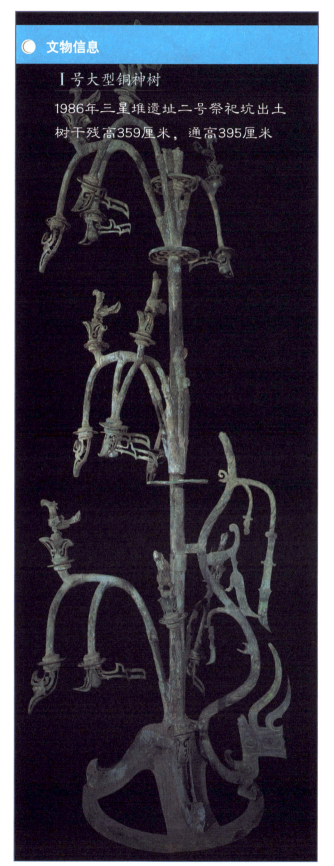

Ⅰ号大型铜神树

1986年三星堆遗址二号祭祀坑出土

树干残高359厘米，通高395厘米

从现代美学角度看，神树造型独特，布局严谨，比例适宜，对称中有变化，变化中求均衡。神树采用了多种铸造工艺，由多段多节组合而成，整体显得一体浑成，妙造自然，巧夺天工。造型艺术的美通过古代匠师炉火纯青的技艺被发挥到了极致，堪称青铜铸造的旷世神品。

在震撼和惊叹之余，也许大家不禁要问，这件国之瑰宝究竟作何用途呢？这里，先看看在我国古代神话传说关于神树的传说故事，《山海经》《淮南子》等古籍中有不少记载。

传说中，神树是古人心目中日神的神圣场所，是探寻宇宙和沟通人神的神奇媒介，最具代表性的是东方的扶桑、中央的建木和西方的若木。

首先来说扶桑。根据古籍的记载，我们可以了解到，在东海的尽头有一个名叫汤谷的地方，生长了一棵叫扶桑的神树，扶桑树上有10个太阳，"九日居下枝，一日居上枝"。在我国远古神话中，天上的太阳共有10个，都是帝俊和羲和的儿子，汤谷是羲和给10个太阳儿子沐浴的地方。《山海经·大荒南经》对此有一段记述："东南海之外，甘水之间，有羲和之国。有女子名曰羲和，方日浴于甘渊。羲和者，帝俊之妻，生十日。"羲和所生的10个太阳每天轮流上天值班，一个在天上，其余的9个就栖息在扶桑树上。

十日神话

传说中，十日是帝俊与羲和的儿子，它们既有人与神的特征，又是金乌的化身，是长有三足的踆乌，是会飞翔的太阳神鸟。它们每天早晨轮流从东方扶桑神树上升起，化为金乌或太阳神鸟在空中由东向西飞翔，到了晚上便落在西方若木神树上。"十日神话"表达了古代的人们对日出日落现象的观察和感受。

《山海经》记述的"羲和浴日"是中国非常著名的十日神话，这神话后来还与一个叫后羿的人产生了联系。据说有段时间不知什么原因，10个太阳一起跑到天上去了，这一下，大地上的人们和万物就遭殃了，10个太阳像十个火团，他们一起放出的热量烤焦了大地。这时，有个年轻英俊的英雄叫作后羿，他是个神箭手，箭法超群。他看到人们生活在苦难中，为了帮助人们脱离苦海，拉开了万斤力弓弩，搭上千斤重利箭，射掉了多余的9个太阳。

其次说建木。《山海经》中记载："有木，其状如牛，引之有皮，若缨、黄蛇。其叶如罗，其实如栾，其木若蓝，其名曰建木。"在"都广之野"这个地方，有一棵神树叫建木，是一颗盘根错节、极其茂盛的通天神树，它拔地而起，直上九霄，长满了层层叠叠的果实和树叶，其上还有神异的黄蛇（龙）。它生长的位置恰好处在天地的正中央，天上的众神便通过这树上天下地。在古人心目中，神灵大多居住在高不可及的天际。想上天去和神沟通、交往，想去探索神秘的宇宙，在先民眼里离天最近的就是树和山。

再说若木。《淮南子·地形训》中记载："若木在建木西，末有十日，其华照下地。"意思就是，在天地的最西极生长着一棵叫作若木的神树，树上也有10个太阳，其光华普照大地。

古代神话传说中的这三株神树代表着古人的世界观和宇宙观。古人认为天圆地方，大地是一块平面，上面有弧形的如同盖子一样的天，这就是古代最为盛行的"盖天说"。从东边到西极就是整个天际，古代中国人以东方扶桑、中央建木、西方若木为三个主要坐标，构造了一个以神话形式出现的宇宙观念。

那么，三星堆的神树又代表和象征着什么？和传说中的神树有什么关系呢？

首先，一般认为，铜树反映了十日神话，与传说中的扶桑、建木、若木等神树极有关系。三星堆神树的形象符合扶桑和若木这两株神树"上有十日"这一最为显著的特征，它的三层九枝及其枝头的九只神鸟，正是金乌即太阳的写照。其树顶无鸟，应是表现一个太阳正在天上"值班"。

铜神树上的立鸟

● **延伸阅读**

在我国古代，人们祭祀朝拜太阳（太阳神）的典礼是非常隆重的。在商代的甲骨文中就有"乙巳卜，王宾日"的直接记载。所谓的"宾日"，就是商王亲自祭日的一种典礼。甲骨文中还有不少"入日""出日"这类记载。这里的"出日""入日"，便是古代每年春季、秋季特定日期旦暮之际的迎"日出"、送"日入"的礼拜仪式。

太阳是世界各民族神话中最具有普遍性的意象。太阳能给人类带来光明和温暖，使农牧业得以发展，所以我国古代先民十分重视对于太阳的多角度观察。太阳崇拜，作为一种原始宗教，源于先民对于自然世界的理解与亲近。太阳照耀地球，荫护人类，给人类以无限的遐想。人们敬仰太阳，歌颂太阳，祈祷太阳，创造出很多美丽动人的太阳神话。所以说，人类所塑造出的最早的神是太阳神，最早的崇拜形式是太阳崇拜。太阳神话是一切神话的核心，一切神话都是由太阳神话派生出来的。

世界上的太阳崇拜有五大发源地：中国、印度、埃及、希腊和南美的玛雅帝国。

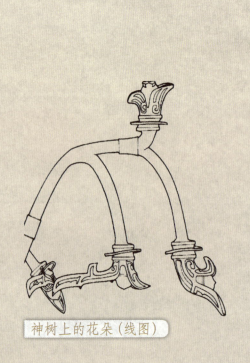

神树上的花朵（线图）

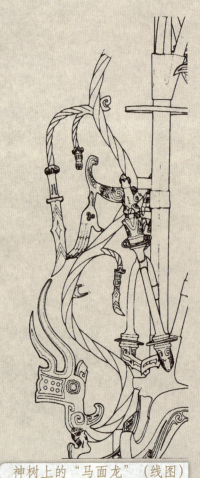

神树上的"马面龙"（线图）

其次，三星堆神树也具有"建木"的特征和功能。建木是沟通天地人神的桥梁，神人们都是通过这一神圣的登天之梯上下往来于人间天上。《山海经》中记载，建木生长在"天地之中"一个叫"都广"的地方。明代学者杨慎《山海经补注》说："黑水都广，今之成都也。"所谓"都广之野"，其所在的位置恰好是古史神话传说中所谓"天地之中"的成都平原。"天地之中"意思就是"世界中心"，表征这是一株挺立于大地中心的神树，神树作为通天之梯是沟通天地人寰的中介，神树上的龙则是巫师和神人自由上下的驾乘。试看三星堆神树，它和建木一样长满了天花地果，特别值得注意的是，树上也有"黄蛇"——那条奇异诡谲、令人匪夷所思的"马面龙"。

中国古代神话中传说有许多神树，其中尤以上述东方扶桑、中央建木和西方若木最具代表性。但这些神树仅见于古籍的记载，几千年来并没有发现体现神树意韵的实物佐证。直到三星堆二号祭祀坑出土了数件青铜神树，才让人们直观地了解到先民的神话宇宙观。

这里，我们再来欣赏一下Ⅱ号神树。

Ⅱ号神树，残高2米左右，结构与Ⅰ号神树相似，喇叭形的底座象征神山，三方各铸有

文物信息

Ⅱ号铜神树

底座直径54.8厘米，树干残高142厘米，通高193.6厘米

1986年三星堆遗址二号祭祀坑出土

树座为山形，座顶连接树身。山形座象征古蜀巫教文化观念中的神山，即古蜀人的祖庭圣地——岷山，意在表明神树是神巫注返天上人间的"天梯"。山形座上铸饰太阳纹和云气纹。座圈的三面各铸有一方台，上面有跪坐人像，人像双手不知握有何种法器。估计此树原高度也在两米以上。

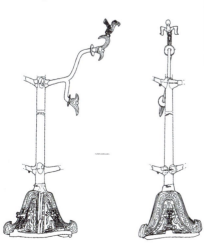

一个平台，平台上有一个跪座人像，人像手呈抱握状，可能表现的是巫师祭祀神山和神树，作法登天的情景。树干上套着"璧形器"，古史有"苍璧礼天"之说，树上套璧，更强调了神树"通天"的功能。在Ⅱ号神树的树枝上，还铸有很多铜环钮，可能当初神树上还挂满了各种装饰品，如我们在前面介绍过的铜铃、铜挂饰、金箔等。数千年前，古人铸造出如此高大的青铜树，再挂上各种装饰品，是何等的辉煌壮美！

三星堆祭祀坑还出土了其他几株神树残件，虽然不完整，但同样可以看出它们造型的精美神异，如可以和古代神话中扶桑树相联系的辫绳状神树、花托套玉璧的神树枝和树顶果实上有立鸟的神树等，无不深寓古蜀人通神通天的文化观念。

● 文物信息

小型铜神树残件

残高24.4厘米，长27.2厘米，宽14.7厘米

1986年三星堆遗址二号祭祀坑出土

神树树干呈辫绳状，同古代神话传说的扶桑神树"树两两同根偶生，更相依倚"的形态可发生联系，也形似民间所谓的"连理枝"。树顶铸人首鸟身神像，或意在表现神树的通天功能。

文物信息

小型铜神树残件

主杆长26.7厘米，宽11厘米，高8.5厘米

1986年三星堆遗址二号祭祀坑出土

　　神树仅存一段，出三分枝，枝皆残，枝下套有铜质璧形物。古人以璧通天，璧制中间的圆孔象征天地沟通，神树枝套璧形器则应是表现神树的通天功能。

文物信息

小型铜神树残件

残长50.3厘米，宽12厘米，宽12.5厘米

1986年三星堆遗址二号祭祀坑出土

　　小神树树枝花托上套有玉质璧形物。古史有"苍璧礼天"之说，神树花托套璧，应是制作者为强调神树"通天接地"的功能而采用的制作手段。

● **文物信息**

铜神树

底圈直径22.8厘米，残高34厘米

1986年三星堆遗址二号祭祀坑出土

　　神树圈座呈喇叭形，器身纹饰繁复，上部有环带纹。树座亦表证神山，树顶果实上有残存的立鸟的双爪，其原造型当是象证太阳的金乌。

延伸阅读

　　近年来，成都平原及其周边地区发掘出土了大量乌木，三星堆遗址所在地的四川广汉也有不少乌木出土，其中有一较大型的乌木就出自三星堆古城北面的鸭子河中。

　　这些乌木不仅总量达到数万立方米，且年代久远，平均在3000年以前。这些乌木多为参天古木，由此可以推测，上古时代的成都平原应是一派林木蓊郁的景象。可以说，这样的自然环境，与孕育出古蜀人的神树崇拜有着内在的因果关系。

二、摇钱树

　　古代蜀国树崇拜的观念在1000多年后仍有着广泛的影响，尤其在我国西南地区的汉墓中出土的大量摇钱树，在造型和内涵上就与三星堆神树有着极深的渊源关系。以下，我们特别介绍一件广汉出土的汉代树形文物，目的是与三星堆神树进行比较，以帮助我们深入了解三星堆神树的文化观念对后世的影响。

延伸阅读

　　明器，指古代下葬时带入地下的随葬器物，即冥器。一般用竹、木或陶土制成。从宋代起，纸明器逐渐流行，陶、木等制的渐少。《礼记·檀弓下》："其曰明器，神明之也。涂车刍灵，自古有之，明器之道也。"

　　汉代四川地区流行一种陶座铜树的随葬明器，多表现昆仑山西王母的神话传说，因其挂满铜钱，俗称"摇钱树"。其实，它所表现的不仅仅是对钱财的企望，也反映出一个相对完整系统的思想观念和信仰习俗。摇钱树与三星堆神树，都是以树、神结合为其造型的主要构成因素，表意其通神、通天的功能用途。

　　这棵摇钱树出土自广汉三水镇，为汉代文物，是一种陶质底座、青铜树身的冥器。树座为天禄辟邪座，树高1.69米，树上挂有300多枚铜钱，树顶有朱雀，树叶上有西王母、瑞兽、歌舞杂技及狩猎、骑马等图案。从世俗眼光来看，摇钱树作为随葬品，以大量钱币作为装饰，反映了古人"求富贵"的心理。而神树以神鸟代金乌，摇钱树以朱雀喻日神，它们象征的光明意义都是很明显的。摇钱树铸"钱"，钱纹多饰光芒，它的初始意义仍在表征太阳，钱树座则综合了中国古代神话传说中的昆仑、灵山、玉山这些神山的涵义。

　　三星堆神树与摇钱树的图像构成方式，都是重在以神木、神山相结合而达天地不绝、人神相通的旨意。摇钱树"羽化登仙"的赋形手段，无疑效法于上古时代的本地巫教文化，因此，

广汉万福镇出土汉代摇钱树

广汉三水镇出土的汉代摇钱树及局部

可以认为商代三星堆神树与汉代四川摇钱树为源流关系。当然，从考古发现看，汉代私人墓葬中均可以随葬"钱树"的现象无疑已表明，"钱树"所反映的树崇拜观念在汉代已经变得世俗化和普遍化了，成为一般人都能使用和拥有的工具。从氏族部落或国家集团专用的神圣的"神树"，到为个人求财乞福、追求长生的"钱树"，古代先民的思想观念发生了很大的变化，反映出"树崇拜"具有不同的时代和社会特征以及特定的文化内涵。随着六朝社会大动荡的出现，人们对财富和现实的理想破灭，以摇钱树为突出代表的汉代"树崇拜"习俗受到强烈冲击，并被新传入的佛教"出世"等新思想所取代。但在西南地区的一些少数民族中，仍然长期保持着各种形式的"树崇拜"习俗和用具，各地的民间风俗中也尚存古代树崇拜遗风。

对树的崇拜，是古代世界各宗教与民间信仰中共通的文化现象，关于树的种种神话传说与树形图像在世界范围内有广泛分布。"树"图像作为文化象征符号，主要有所谓宇宙树与生命树两类。前者以物质形式表达古人对宇宙和天象的认识，后者反映古人的吉祥观念并张扬其生命意识，但二者界限有时并不明显，尤其在中国古代的神话传说中二者关系颇为密切。总的来看，中西古代树神话、树崇拜及神树图像异曲同工的文化现象，对研究古代中国与域外的文化交流具有重大的意义。

● **延伸阅读**

古代世界神话传说种的神树

古印度的宇宙树

此树长于原始海洋中的原始蛋上，三枝展开，各托一个太阳，另有一个太阳位于三枝分权处，与中国古代"扶桑十日"的神话传说颇为相似。

古埃及的天树

古埃及人认为，天是一棵大树，诸神栖息枝上，星辰则为枝上的果实或枝叶，天树实即苍穹。

冰岛古代的依格德拉尔树

北欧神话中的宇宙树是一个完整的宇宙形象，树荫遮蔽整个宇宙，树根、干、枝将天、地及地下连为一体，树枝散布整个苍穹，叶是乌云，果为星辰。

亚述有翼日盘

古代鸟与太阳颇有关联，所谓"有翼日盘"，即是太阳或太阳神。鸟与太阳结合的典型图样，揭示出宇宙树与太阳的密切关系。

亚述"圣树与有翼日盘"

这是见于亚述圆筒形印章上的"圣树与有翼日盘"。"有翼日盘"是鸟与太阳结合的典型图样，揭示出宇宙树与太阳的密切关系。

米坦尼印章上的"日—树"纹饰

该印章图像特征是树形物上方是有翼日盘，提示树有通天之功用，以及树与太阳的关系。

朝拜生命神树浮雕

此大理石浮雕为公元前9世纪的亚述时代的文物，浮雕表现阿苏尔巴尼巴尔二世国王与有翅神人朝拜神树，在图像树顶上部饰有翼日轮。

苏美尔国王纪念碑（局部）

纪念碑中，国王在月神面前给神树洒圣水，浮雕中心的水盆中栽有通天的生命之树。

印度太阳生命树

该青铜树中心为太阳和太阳眼镜蛇，枝头为太阳花和太阳鸟，树下为对牛和对猴（即神牛和神猴）。

博物馆神树厅照

　　通过上面对以Ⅰ号大型铜神树为代表的数株三星堆青铜神树造型的赏鉴，对其文化内涵的分析，对古蜀神树崇拜观念传承流变的简说，以及对国外古代神树的介绍，我们有充足的理由认为：三星堆神树是中国宇宙树伟大的实物标本，可视作上古先民天地不绝、天人感应、人天合一、人神互通的神话意识的形象化写照，为研究中国树崇拜的源流关系提供了依据。三星堆神树反映了古蜀先民对太阳及太阳神的崇拜，在古蜀人的神话意识中具有通灵、通神、通天的特殊功能，是中国宇宙树最具典型意义和代表性的伟大的实物标本，堪称独一无二的旷世神品！古蜀人对神树的崇拜，表达了他们的宇宙情怀，深蕴超越现实、追求卓越的精神气质，寄托了对未来、对生活的美好憧憬！

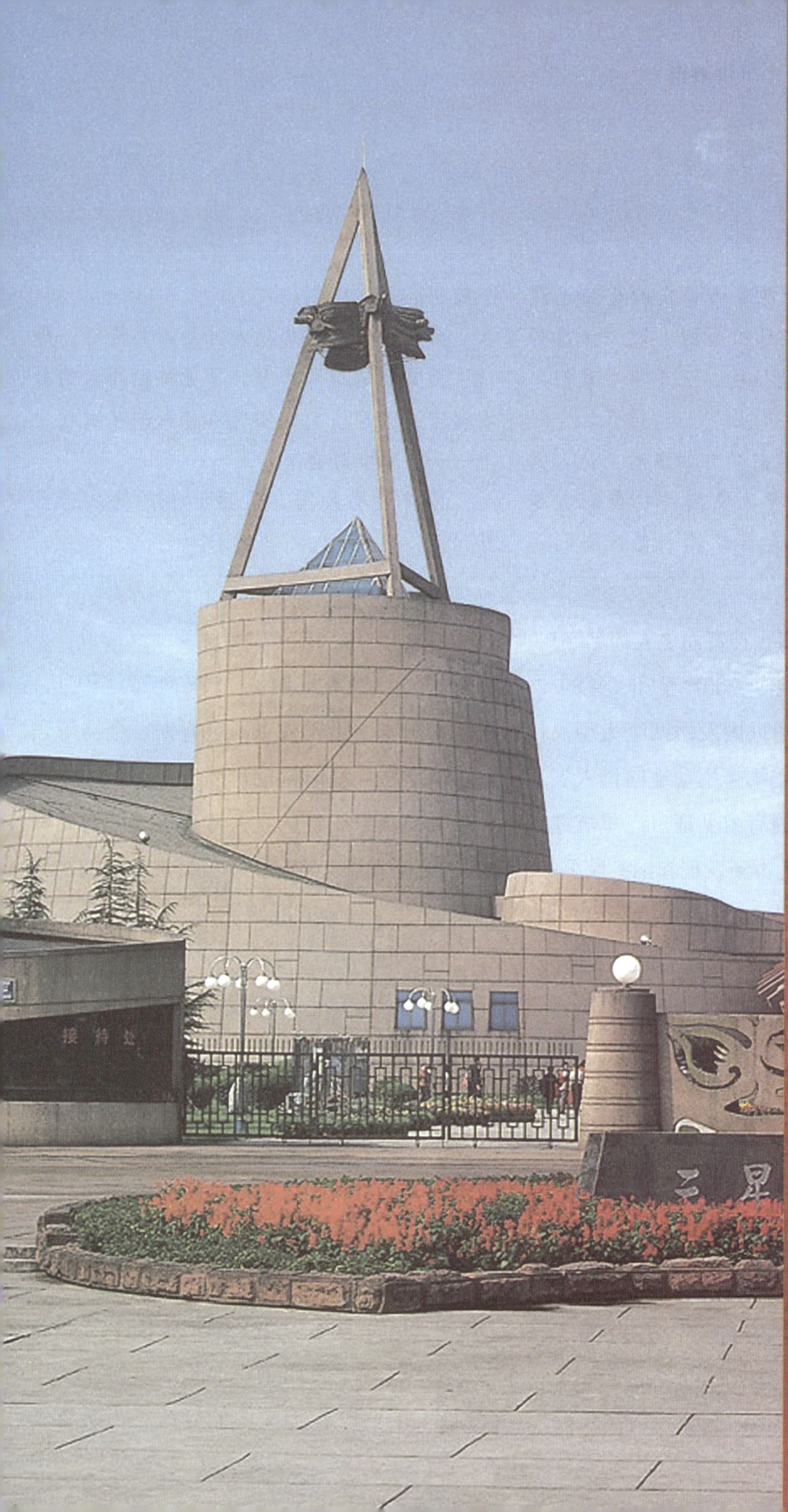

第五章 三星堆博物馆参观攻略

蟠桃三千年一开花。古蜀人的生命已深深植入这片星月永耀的土地。就像那三千年才绽放一次的仙桃，三千年后我们才看到这瑰丽的神梦之花。

三千年前的古蜀旧梦有如醇酒，让人回味无穷。三星堆古蜀国充满神秘色彩，是尚待人们去拓荒、去探求的上古社会的一个缩影。

而今，古蜀国那段人神共舞的传奇，那段古蜀文明的雄浑乐章，那批举世闻名的蜀人秘宝，就在眼前这座充满神秘的艺术殿堂里——三星堆博物馆。

神游古蜀故国，重回千年，就从这里开始。

三星堆，一个多么神奇而诱人的名字！

三星堆是一处距今5000年至2600年的"古城、古国、古文化"遗址。1986年7月至9月，考古工作者相继在遗址内发掘两个大型商代祭祀坑，出土了上千件玉石、青铜、金器等宗庙用器。这些精美文物，生动地向世人展示了三星堆文明鼎盛时期的辉煌成果，是中华民族五千年灿烂文明的有力见证。三星堆遗址一、二号商代祭祀坑的重大考古发现荣膺我国"七五"期间十大考古新发现和国务院公布的第三批全国重点文物保护单位，被专家们誉为"世界上最惊人的发现之一"，成为当今世界考古、历史、民族、原始宗教、艺术、科技、生态、人居环境等多门学科研究的热点。

三星堆是全国重点文物保护单

三星堆的发现是一个伟大的奇迹，它用大量的实物史料有力地证明了三星堆古蜀国的存在，古蜀的历史孕育了三星堆无比光辉的一页。作为"高于氏族部落的、稳定的、独立的政治实体"的三星堆古蜀国，是当时中国古代中原周边地区颇具典型意义的"古国"之一，代表了三四千年前长江上游文明中心——古蜀文明的辉煌，再次雄辩地证明了中华文明起源的多元性。三星堆文物是宝贵的人类文化遗产，在中国浩如烟海、蔚为壮观的文物群体中，属最具历史科学文化艺术价值和最富观赏性的文物群体之一。在这批古蜀秘宝中，有许多光怪陆离、奇异诡谲的青铜造型，有高2.62米的青铜大立人，有宽1.38米的青铜面具，更有高达3.95米的青铜神树等，均堪称独一无二的旷世神品。而以流光溢彩的金杖为代表的金器，以满饰图案的边璋为代表的玉石器，亦多属前所未见的稀世之珍。三星堆实例对于探索人类早期的政治组织及社会形态的演化，对于研究早期国家的进程及宗教意识的发展均具有重要价值，在人类文明发展史上占有重要的地位。

对于三星堆和三星堆出土的精美文物，我们可以这样地说：看，令人叹为观止；想，使人不可思议；说，道不尽无穷玄机……

如果说三星堆遗址是一处神秘而丰富的地下古文化宝库，那么，建立在三星堆遗址东北角处的三星堆博物馆无疑是一座收藏和展示这些古文化宝藏的艺术殿堂。且让我们漫步这艺术殿堂，神游千年，感受历史的沧桑和古文明的灿烂辉煌……

一、景区资质

四川向世界推出的三大国际旅游精品之一
首批国家考古遗址公园
首批国家"AAAA"级旅游景区
"中国最值得外国人去的50个地方"之一
全国青少年科技教育基地
世界首家通过"绿色环球21"旅行旅游业可持续发展标准及ISO9001：2000质量管理体系标准认证的博物馆

二、景区位置

四川省广汉市西安路133号

三、景区类型

博物馆／考古遗址

四、景区特色

博物馆／国家遗址公园／古迹／摄影／徒步／科研／观光／餐饮

五、景区介绍

　　三星堆博物馆位于全国重点文物保护单位——三星堆遗址的东北角，地处历史文化名城广汉城西鸭子河畔，南距成都38千米，北距德阳26千米，是我国一座现代化的专题性遗址博物馆。博物馆于1992年8月奠基，1997年10月开放。馆区占地面积约1000亩，陈列面积12000平方米，游客接待中心建筑总面积2600平方米。

一展馆（综合馆）

二展馆（青铜馆）

1. 大气雄浑的博物馆建筑

博物馆主体建筑外形追求与地貌、史迹及文物造型艺术相结合的神韵，融原始意味和现代气息为一体。一展馆（综合馆）建筑为半弧形斜坡生态式建筑，张扬人与自然和谐共生的人文精神。二展馆（青铜馆）建筑为三部一体的变形螺旋式建筑，其整体具有"堆列三星"与"人类历史演进历程"的双重象征，馆外气势恢宏的仿古祭台与现代大型表演场、展馆建筑遥相呼应，表达了三星堆文化苍古雄浑、博大精深的历史意蕴。

2．荟萃文物精华的常设陈列展览（基本陈列）

博物馆现设两大展馆，为本馆基本陈列《古城古国古蜀文化陈列》之载体：第一展馆（综合馆）展示分题为"灿烂的古蜀文明"，重在展示古蜀社会物质生活；第二展馆（青铜专馆）展示分题为"青铜铸就的人间神国"，旨在揭示古蜀先民的精神世界。整部陈列全面系统地展示三星堆遗址，以及遗址内一、二号商代祭祀坑出土的青铜器、玉石器、金器以及陶器、骨器等千余件珍贵文物。其规模宏大，布局考究，诠释方式巧融知识性、故事性、观赏性、趣味性于一炉，通过连续递进的场景组合，营构出动静相生的展线节奏与奇幻莫测的内容意象，有力地揭示了三星堆文物的深刻内涵，集中反映了三星堆文明的辉煌灿烂，给人以身临其境、故国神游之感。其陈列规模跻身于中国乃至世界级大博物馆的行列，并荣获首届全国文博系统十大陈列展览精品奖。

3. 精彩纷呈的特展与对外交流展

　　三星堆博物馆每年将会推出1~2个特展，内容涵盖文物展、艺术展等，较为大型的特展展场设于博物馆南区文保中心一楼展厅，小型特展展场设于青铜馆一楼特展厅。博物馆每年春节举行的"大祭祀"活动，均有相关展览相配。

"青铜的对话——黄河与长江流域商代青铜文明展"展厅

2017年10月26日，三星堆博物馆建馆二十周年特展"宅兹中国——西周青铜器精品展"开幕式

2018 年三星堆博物馆特展："人与神——古代南方丝绸之路文物精品展"展厅

　　文物传承古今，交流沟通中外。三星堆作为闪亮的"中国符号"和"中国面子"，二十年来，坚持"走出去"战略，远渡重洋，先后瑞士、德国、英国、丹麦、日本、台湾、澳大利亚、美国、加拿大、法国、新加坡、香港等20多个国家和地区展出，所到之处，均广受好评、引起巨大反响。特别是在中法文化年、中外邦交纪念等重大外事活动中，三星堆文物参与的中国文物综合性大展，作为"外交使者""国家名片"密切配合国家外交大局，面向世界传播中华优秀文化，在使展出国家的人民了解中华民族悠久灿烂的历史和文明进程、彰显当代中国繁荣昌盛、和平崛起的形象等方面，起到了积极的作用。

1998 年 4 月，三星堆文物在日本东京世田谷美术馆展出。

2001 年 9 月，三星堆文物在美国金泊尔艺术博物馆展出时的盛况。

2002 年 11 月，三星堆文物在加拿大多伦多皇家安大略博物馆展览的外景。

2002年3月—6月，三星堆文物在美国西雅图艺术博物馆展出。

2002年3月—6月，三星堆部分文物在美国大都会艺术博物馆展出。

2007年1月，三星堆文物在新加坡亚洲文明博物馆展览。

2007年6月，三星堆文物在香港文化博物馆展览。

2011年12月，三星堆文物赴台湾展览文物装箱启运仪式。

4. 优美的馆区与景点

博物馆环境优美，布局得宜，绿化面积达80%以上，现代园林环境与周围自然形态巧妙地融为一体，充分体现了博物馆"馆园"结合的特点，突出了博物馆多元一体的发展趋向与综合性的服务功能。馆区内既有绿茵如毯的草坪、清澈明净的湖水、古拙奇巧的假山、枝叶繁茂的古树、飞珠溅玉的瀑布、休闲雅致的茶苑、清香溢远的奇葩，还有小桥流水、湖光船影、鹭鸶翔集……"虽由人作，宛如天开"，其人文景观与自然景色双美合璧，充分体现了"文、秀、清、幽"的川西园林之美，给人一种心旷神怡、回归自然之感。

游客中心

购物中心

回音祭坛

（1）天人合一——回音祭坛

"回音祭坛"位于青铜馆南面，为仿古祭祀表演场所。

古谓："国之大事，在祀与戎。"古蜀先民沟通天地人神、祈福禳灾的仪式多在祭祀台进行。该大型仿古祭祀台为四方三层，以成都北郊羊子山属商末周初的一座夯土祭台为原型参照，藉以再现古蜀土台建筑的巨大规模和恢宏气势。该祭祀台底层840平方米，逐层向上递减，顶层为65平方米的方形平台。整个祭台采用红砂石垒筑而成，古朴雄浑，原始意味浓厚。

祭祀台前的圆形表演场地与祭祀方台相呼应，象征"天圆地方"。场地中央的巧妙设计极具神奇的回音功能，充分地表现出古蜀"天人感应，人神互通"的时代特征。这里作为大型仿古祭祀表演活动的场地，通过神秘诡异的蜀乐与翩跹优美的舞蹈为观众再现古蜀的宏大祭祀场面，揭示古蜀原始宗教文化内涵。

（2）清风徐来——玉蟾湖

馆区内人工湖位于青铜馆西侧（青铜馆背面），波光粼粼，莲荷飘香，鹭鸶翔集。湖边垂柳荫荫，又有假山瀑布和小桥曲径，一派清雅之象。

玉蟾湖

（3）古雅安闲——宝镜斋

宝镜斋位于博物馆西区后门处，集餐饮、娱乐、休闲、购物为一体。内有庭院，植银杏、桂花，有假山、水车之景，在此品茗，可以清心。宝镜斋工艺部产品以仿三星堆文物工艺品为主，品种多样，设计精美。

宝镜斋

六、开放时间

8:30—18:30

七、交通指南

从成都到三星堆距离不到30千米，交通便利，108国道、成绵高速、宝成铁路均可达到。

1. 自驾车：108国道（至广汉）、成绵高速（至广汉）。

2. 景区直通车：在成都景区直通车武侯祠服务点（每天11:30发车）或大熊猫繁殖研究基地服务点（每天12:30发车）乘坐，一站直达无障碍往返。

3. 其他车次：成都市区内乘坐1、7、45、63、69、70、71、83、302路公交车至昭觉寺车站（咨询电话028-83504125），换车至广汉仅需要20分钟，广汉至三星堆乘坐6路、10路公交车即可达到。

八、咨询

三星堆博物馆票务咨询电话：（0838）5651399 5510349

三星堆博物馆网址：http://www.sxd.cn

参观完博物馆，如果你还意犹未尽，那就搭乘旅游环保观览车从博物馆西区的三星堆国家考古遗址公园大门处直接进入遗址去体验、去感悟，去获取你想要获取的的东西吧！在遗址，你可以亲眼看到东、西、南古城墙和残剩的三星堆中"半个土堆"，它们虽经几千年风雨的剥蚀却雄姿依然；在月亮湾考古发掘工地，你可以看到经过考古工作者解剖后留下的月亮湾土城的千年遗迹；在燕家院子，你可以静心遥想1929年当时发现玉石器的那幕故事；在三星堆"半个土堆"西侧，你还可以体感到1986年考古重大发现发掘两个大型商代祭祀坑的壮观场景……总之，在三星堆遗址，你时时可以感受到古蜀先民创造的伟大奇迹，充分地吸吮到古蜀文化的甘露和灵气！

三星堆是古蜀先民智慧的结晶，是中国古代文明中一段雄浑的乐章，是一首永远唱不完的歌，是一个永远讲述不完的故事……

蜀国五千年，伟哉三星堆；两眼观历史，一步越千年。来吧，朋友，欢迎你走进三星堆，走进博物馆，走进那神秘梦幻般的世界，去领略"古蜀时空隧道"的真实魅力！